JN216638

0〜4歳

引っぱりだす！

こぼす！

落とす！

そのイタズラは子どもが伸びるサインです

能力をどんどん引き出す「遊びの道具箱」

輝きベビースクールアカデミー代表
伊藤美佳

青春出版社

一見、「困ったイタズラ」にも
大切な意味があります。
実は、子どもの自立心と能力を引き出す
絶好のチャンスなのです。

目次

プロローグ

その時期の「イタズラ」には、能力を伸ばすチャンスが隠れている！

——夢中になれるおもちゃに出会うと、子どもは変わります！

第1部
能力を引き出す「遊びの道具箱」

第1の箱　入れる・落とす

第2部 親子で楽しい！ うまくいく！ 上手に遊ぶ実践のコツ

カバー・本文イラスト　きつまき
本文デザイン・DTP　岡崎理恵
編集協力　樋口由夏

プロローグ

その時期の「イタズラ」には、能力を伸ばすチャンスが隠れている！

――夢中になれるおもちゃに出会うと、子どもは変わります！

子どものイタズラには意味がある

子どもはたくさんたくさんいたずらをしますね。でもお母さんには「いたずら」にしか見えないその行動も、すべて意味があったとしたらどうでしょう？

たとえば、ティッシュをどんどん引っ張り出してしまったり、引き出しの中身を全部出してしまったり、食べものを投げて遊んだり……。

このような、**一見困った「いたずら」には意味があります。それは、その子自身が「こんな能力を伸ばしたい」と、その能力を使いたがっているサインなのです。**

この本では、そんな子どもの「マイブーム」を逃さずに、その時期に合った道具（おもちゃ）を使った遊びで、人間の基本的な能力を獲得していくことを目的としています。

もちろん、楽しい遊びなので、子どもに無理やりやらせるものではありません。ご紹介する道具も、親が与えるものではなく、子どもが自ら選びます。

どれも夢中になって「ハマって」しまうものばかりです。ご家庭にあるものや、100

円ショップで売っている材料で作れるものなので、特別なものは必要ありません。

いたずらばかりして困り果てているお母さんのなかには、「手のかからない子」がうらやましい、と思っているお母さんもいるかもしれません。

でも、本当に親の言うことを聞いて何でも言うとおりにできて、おとなしくて手のかからない子がいい子なのでしょうか。

自分の意見を持たず、言われたとおりに素直に行動する子は、たしかに手のかからないいい子かもしれません。そして、このような子どもたちは増えています。

でも今、このような子どもたちが、社会に出てからとても苦労しています。社会に出てからは指示してくれる大人も守ってくれる大人もいません。社会人になったら、マニュアル通りにやっていてもダメなのです。

子どもたちが社会人になるころには、今ある職業のほとんどがなくなってしまう時代がきます。そんなときに自らの力で考え、時代のニーズをキャッチして、新しい仕事を生み出していく力が求められていきます。

そのためにも、乳幼児期にしっかりと脳を育て、自ら考え発想力のある子にすることが大切です。私はそれが親や教師の役割だと思います。

退化するイマドキの幼児たち

幼稚園・保育園に合わせて26年間勤務し、そのうち9年間幼稚園の代表職をやってきました。その後、幼稚園を退職し、「輝きベビースクール」を立ち上げ、今まで子どもたちをのべ9000人ほど見てきたことになります。そのなかで、とくに気になっていたのが、「子どもたちの〝退化〟」でした。

今や、幼稚園に入園する時点（3歳）でおむつがとれていない子は珍しくありませんが、驚くのはそれだけではありません。

たとえば、幼稚園に入園する年齢で、転んでも手を前につけずに顔から落ちてしまう子がいます。また、登園すると上着をフックにかけますが、フックにかけることができない子、本を読んでもページをめくれない子がいます。

幼稚園では入園してすぐの4月のうちに、5月のこどもの日にむけて、こいのぼり製作をします。以前はハサミとのりを使って、こいのぼり製作ができていました。

ところがここ10年くらいの子どもたちは、入園後の4月に、製作をやっているどころではありません。それ以前に先生方はお世話に追われて、着替えと手洗いとトイレの指導であっという間に一日が終わってしまうのです。

手洗いを教えるにも、蛇口をひねったことのない子や、トイレではトイレットペーパーを使うときに、ペーパーを押さえて切ることができない子もいます。ひどい場合は、トイレのドアを開けたらそのまま立っていた子がいました。家庭では、自動で便器のふたが開くからです。


お母さんたちだけを責めることはできません。今は便利な世の中で、子どもたちが手指を使う機会が圧倒的に少なくなっています。それに加えて、子どもかわいさに、親がつい、なんでもやってあげたくなってしまうからです。

当然のことですが、子どもは自分でやらなければ何もできるようになりません。「つまむ」「引っ張る」「ひねる」といった、人間としての基本的な能力が育っていないと感じた私は、強い危機感を覚え、何とかできないかと頭を悩ませました。

手指は〝第二の脳〟

なかでも強く退化していると感じたのは、手指の退化でした。たとえばスモックのボタンを留めるときにも、うまく留めることができず、つまんで穴に入れて引っ張って……と丁寧に何度も繰り返さなければなりませんでした。

手指は〝第二の脳〟といわれています。今の環境では、「意識的に」手指を使う機会を与えてあげなければ、子どもは退化する一方です。

もちろん、急がなくたって、大きくなるにつれて蛇口をひねることができるようになるし、ぞうきんだってしぼれるし、ボタンだって留められるようになるでしょう。今はできなくたっていいじゃない。そう言いたくなる気持ちもわかります。

でも**大事なこの時期にたくさん手指を使うことは、脳を刺激し発達させます。そして適切な時期に獲得した能力は、〝一生もの〟なのです。**

何も刺激を与えられずに大きくなってしまうと、もしかするとちょっと不器用な人になるだけでなく、必要な能力が低い大人になってしまう可能性があります。

昔はこんなことなかったのになあ……と私が思っていたとき、どうして今、子どもたちにこんなことが起きているのか、わかったことがありました。このことに気づかせてくれたのが、スクールでのお母さんたちとのかかわりでした。

3歳までの時期は、発達のとても大切な時期なのに、お母さんたちは子どもたちの行動を制限しています。今のお母さんたちは、自分が子どもを産むまで、赤ちゃんが身近にいたことがない人がほとんど。相談相手も近くにおらず、いきなり「お母さん」になってしまいます。

赤ちゃんとお出かけできるようになると、子どもを抱っこひもやベビーカーに入れたまま出かけたり、お友達と楽しくランチをしたりします。だから子どもたちはみんなおとなしいし、愛想もよくてニコニコしています。

だけどいつも抱っこひもやベビーカーでおとなしくしているだけなので、いざスクールに来てみると、はいはいができない子もいます。なかには、はいはいを飛ばして、つかまり立ちをいきなりしてしまう子も……。

お母さんに話を聞くと、ねんねの時期はベビーベッドに入れて家事をして、もう少し大きくなると今度はいたずらをするからベビーサークルの中でしか遊ばせなかったり、キッチンに柵を立てて入れさせなかったりしていると言います。

今は昔と違って、家庭の中で子どもを見守る大人が少なくなってしまったこともあるのでしょう。子どもの安全を思うあまり、子どもの行動を極端に制限していることがわかりました。だから運動面も発達しないし、手指の発達もしないのです。

「子どもとどう遊んでいいかわからない」お母さんたちへ

「子どもとどう遊んでいいかわからない」と言っていたお母さんもいました。だから、抱っこひもやベビーカーに入れたまま、スマホを与えて遊ばせてしまうのだと。

先日、電車に乗っていたら、お母さんと1歳くらいのお子さんがいました。

少しぐずり始めたお子さんに、お母さんがスマホを渡して遊ばせようとすると、それもいやがって振り払おうとしていました。

そのとき私はちょうど折り紙を持っていたので、お子さんに渡したのです。すると、握りしめてすごく喜んでいました。もちろん、まだ折り紙を上手に折れる年齢ではないのですが、折り紙1枚で、それを握ったり、好きなように折ったり破ったりして遊べるのです。それを全く知らずにスマホを与えてしまうのは、もったいないなあとつくづく思いました。

近くにおばあちゃんがいるわけでもなく、いきなり親になってしまったために、子どもがどんなものが好きなのか、どう接したらいいのかわからない。そのためにスマホに頼らざるを得ないお母さんが増えているのだな、と感じた出来事でした。

幼稚園で子どもたちの退化に気がついた私は、それを早めに解消したいという思いもあり、「未就園児教室」をつくりました。

その教室で、本書でこれからご紹介する道具メソッドを使って子どもたちに遊ばせたのです。

最初の間こそ、お母さんが気になって集中できない子もいましたが、3学期に入るころには、**すべてのお子さんが50分間の授業の間、集中力を切らすことなく、夢中で取り組むようになりました。**

1クラス15人いましたが、集中して取り組んでいるので、50分間、シーンと静かです。未就園児の、ほとんどが2歳の子どもが、です。

最後のほうには、2歳の子たちが、ハサミを使い、ハート形はもちろん、カブトムシの形まで切れるようになっていました。**やる気に満ちていて「もっと、もっと」と求めてきます。**

これはすごい！　と確信しました。そして、その経験をした子たちが翌年、入園してきたときには、ほかの年少の子たちと比べて、集中力、手指の能力など、あらゆる力が全く違っていたのです。

でも子どもたちの変化よりももっと驚いたことは、お母さんたちの変化でした。

「うちの子って、こんなこともできるんだ」

「50分間、集中して遊べるんだ」

と気づいたお母さんたちは、子どもたちを必要以上に心配しなくなるのです。「うちの子は大丈夫」と、子どもを信じられるようになるのです。

心配して、ハラハラして、つい手を出してしまったり、世話を焼いてしまったり、ということがなくなります。だからお母さんたちは50分間、ただ子どもたちを信じて見ているだけです。

2歳児でこんなに伸びるなら、赤ちゃんならもっと可能性が広がるに違いないと確信した私は、次に幼稚園に0歳児の親子を呼びました。そのときの0歳児のお母さんたちの様子が、今でも忘れられません。

赤ちゃんに声をかけることもなくおむつ替えをしているお母さん。聞けば、「今までおむつを替えるときは無言でした」と言います。

ボールを渡しても、「今まで、ボールでどうやって遊んでいいかわかりませんでした」と言うお母さん。

「キッチンの柵の外で子どもがずっと泣くので、イライラしちゃうんです」と言うお母さん。

これはもう大変！　と思いました。このときの体験こそが、その後、「輝きベビースクール」をつくろうと決心したきっかけになったのです。

モンテッソーリ教育との出会い

ここで、本書のメソッドの根幹にある「モンテッソーリ教育」の考え方について紹介しましょう。

私には3人の子どもがいます。いちばん上の長男は普通の幼稚園に通わせていました。2人目の長女も、年少まで何の疑問もなく普通の幼稚園に通わせていました。家の前までバスで送迎してくれて、鼓笛もやらせてくれるような、今思えば親にとってラクな幼稚園で、近所のママと一緒に入園させたのです。

ところが、その幼稚園はどこか子どもを支配するような教育をする面があり、友達のお子さんにチック症状が出てしまったのです。そこでママ友と幼稚園を転園させようと、見学をしたのが「モンテッソーリ教育」をしている幼稚園でした。

見学をしたときの体験は、私にとって衝撃的でした。見学をしていたときに、子どもが花瓶の水をこぼしてしまったのです。そのとき先生がまず何をしたかというと、子どもを責めることなく、「一緒にぞうきんを取りに行こうね」と言って、子どもと一緒にぞうきんを取りに行ったのです。そして子どもと一緒にこぼれた水を拭き、ぞうきんを洗って干すまで、子どもと一緒にやったのです。

「失敗したときが教えるチャンスなんです」

先生が言った言葉です。

こぼしたことを叱ったり責めたりするのではなく、こぼしたときにどうしたらいいのか、どう対処するかを教えることが大切。次に同じことがあったときに自分でできるようにするために――。そう言われたとき、「私は今まで何をやっていたんだろう」と大変なショックを受けました。

「叱るのではなくて、解決方法を一緒に考えることが大切なんだ」と、目からウロコが落ちるとは、まさにこのこと、という状態でした。

早速、２人目の長女を転園させ、２歳違いの次女もその幼稚園に通わせることになるのですが、私自身も、モンテッソーリ教育の勉強を始めました。

たとえば子どものいたずらに対して、それまでの私は、「①そもそもいたずらをさせないようにする人」「②いたずらをやったら叱る人」の２種類いると思っていました。

でも、「③教えるチャンスととらえ、そのチャンスを逃さない」という方法があることがわかったのです。

モンテッソーリ教育は、イタリア初の女性医師であるマリア・モンテッソーリによって生まれ、世界各国に広がっていった教育法です。その教育の基本は、

「**子どもは自らを成長・発達させる力を持って生まれてくる。**大人（親や教師）は、その要求をくみ取り、自由を保障し、子どもたちの自発的な活動を援助する存在に徹しなければならない」

というものです。

少し難しくなってしまいましたが、先ほどの花瓶の例は、まさにこの基本を表しているのではないでしょうか。

0歳からの「能力を最大限に伸ばす、ごく限られた時期」が一生の土台をつくる！

モンテッソーリ教育では、子どもの発達に合わせて子どもが自由に選べ、やってみたい

と思わせる教具を使います。

ただし、あくまでも子どもの自主性にまかせることが大切なので、カリキュラムに従って教えたり、教師や親が教えるということはありません。大人はあくまでも子どもを観察し、子どもの活動を援助する役割をします。

モンテッソーリ教育では、6歳までを大事な**「敏感期」**としています。

「敏感期」は生物学者デ・フリースによって発見された、生物が生まれながらにして持つ能力を発揮する、ある限られた時期のことをいいます。

デ・フリースは、卵からかえったばかりでまだ目が見えないはずの蝶の幼虫が、木の枝の先端にあるやわらかな新芽にたどり着けることに着目しました。

その後、生まれたての幼虫には、光のある、明るいほうに向かっていく習性があることを発見したのです。

しかしこの能力は、やがて幼虫が成長し、硬い葉を食べられるようになると消失してしまいます。

モンテッソーリは、この「敏感期」が人間にも当てはまるのではないかと考えました。

生まれたばかりの子どもが人間として大きく成長していく0～6歳の時期にさまざまな能力が顕著に現れることを知っていたからです。

なかでも、**将来の人格や人生の土台となるような発達の敏感期は、3歳までに最も強く現れる**といっています。

つまり、子どもには発達する過程が生まれながらにプログラミングされているのです。簡単に言えば、**「この時期にこの能力が発達する」という〝旬〟の時期がある**ということです。

このあと本文で紹介していく、**「入れる」「つまむ」「引っ張る」といったような基本的な能力は、適切な時期にその環境を与えていくことでより豊かに発達していきます。**敏感期とは、その「備えられた能力を発揮する、ある限られた時期」ということです。

昔は子育てをしていくなかで、自然にこのような能力を伸ばすことができました。でも現代の子育てでは、残念ながらある程度意識的に環境を与えてあげないと難しくなってしまいました。

このように言ってしまうと、まるで詰め込み型の早期教育のように勘違いされることがありますが、そうではありません。

子どもがいちばん伸びよう、伸ばしたい、という時期に、思う存分その能力を伸ばせる環境を「楽しい遊び」を通して与えるということです。

それも、親や教師が強制的に「やらせる」のではなく、子どもが自ら選んでやる、やりたくてやる。ここがポイントです。

子どもの能力を伸ばす環境が少ない、便利になってしまった現代の生活では、その便利さが子どもの能力を退化させてしまっているのです。

能力を伸ばす「ベストタイミング」を逃さないでください

「敏感期」があるのなら、子どもが持っている能力を伸ばすベストなタイミングを知りたい！　とお母さんなら思いますよね。

実はその見極め方は、それほど難しいことではありません。その〝旬〟の時期を見極めるコツが、子どもの「マイブーム」を探すことなのです。

そのマイブームが、冒頭でお話ししたような「いたずら」のなかにあります。その時期に子どもが繰り返すいたずらに注目してみるのです。

たとえば、ティッシュの箱の中からティッシュペーパーを全部引っ張り出す、ゴミ箱からゴミをつまむ、ひもを引っ張る、髪の毛を引っ張る……。

もしこんないたずらを繰り返していたら、そのお子さんは何かを「引っ張りたい」「引っ張る能力を伸ばしたい」のです。

お母さんにとってはいたずらに見えるこのような行動も、子どもからすれば、その能力を伸ばしたいということ。子どもが喜ぶことは、子どもが求めていることなのです。

「つまんだ感触が面白い」
「つまんで引っ張ると見えないものが出てくるのが面白い」
「動かそうと思うとその通りに動くのが面白い」

子どもの気持ちを代弁すれば、このようなことになります。

目でそのものをとらえて、手指を使って器用に動かすって、すごいことなのです。

そんなお母さんにとっての「いたずら」が見られたときがチャンスです。

「引っ張る遊びをとことん満足するまでやらせてあげてください」

このようにお話しすると、お母さんのなかには、敏感期を逃してしまったらもう取り返しがつかないのか、と心配になる人もいるでしょう。

もちろんそういうわけではありません。その時期を逃したからといって、その能力を獲得できないわけではないことは、大人になったお母さん自身もわかりますよね。

ただ、適切な時期にとことんやりきっておかないと、あとで獲得するのに苦労することになります。

もちろん努力をすれば追いつくのですが、たとえば手指を使った遊びなどは、ある時期を過ぎると興味がなくなってしまうので、あとからやってもうまくできない、だからやらない、だからその能力は結局劣ったまま、といったことになりがちです。

お母さんに「うちの子は手先が不器用で……」と言われることがありますが、それは、適切な時期に発達に合った遊びをさせていたら、なんなく克服できていたことかもしれないのです。

運動能力についても敏感期はあります。

たとえば子どもが食べものを投げて遊んでしまうことがありますね。もちろん、食べものを投げてはいけないので、注意はしますが、そのときこそ、**「投げる」能力を伸ばしたい旬の時期なのです**。

そのサインを逃さず、さまざまな投げる遊びをさせてあげることによって、小学生くらいになったときに、なんなくボールを遠くまで飛ばせる子になります。

子どもが小学校に入って野球をやりたいとなったときに、「あ、できちゃった」という感じで、投げる能力が身についているはずです。

脳科学的にも、3歳までに脳のネットワークがつくられるといわれています。

だからこの時期に仕掛けておけば、ネットワークの土台がしっかりでき、そのまま将来の能力になります。

このときに適切なネットワークをつなげておかないと、その分野が苦手になり、あとから習得するのに苦労することになるかもしれません。

脳科学の分野では、ネットワークがつくられる第一次のピークが0歳から2歳、次が3歳から5歳の間といわれていて、6歳になるまでに、ある程度の経験をしておけば、取り戻せるといわれています。

私は脳科学の専門家ではありませんが、**9000人の子どもたちを見てきた経験からも、6歳までなら取り戻せる**と思っています。

手指を使う遊びで、集中力・好奇心アップ！

この本では手と指を使う道具を使った遊びをたくさん紹介します。

難しい言葉で言うと、手指の巧緻性を促す遊びです。手指を使い、自分の意思でこうしたいと思った筋肉が動かせるということです。

自分でやりたいと思った行動がきちんととれるということ――大人にとっては何のことはないこんな行動が、乳幼児期には脳を活性化させます。

たとえば目の前の小さなボールを取ろうとするには、まずボールを目でとらえ、脳から指令が出て手が伸びますね。そして手指を使ってボールを手に取ります。

いわば目と手の連携プレーです。このように遊びを通して目と手の協応発達を促すのです。

先ほど3歳までに脳のネットワークがつくられると言いました。大脳新皮質には、約140億個の神経細胞があります。このとてつもなく大きく緻密な規模の**脳内ネットワークは、3歳までに働きかければ働きかけただけ、たくさんつながっていきます。**

逆にいえば、3歳までの働きかけである程度決まってしまうともいえます。だから、いろいろな分野からバランスよく働きかけてあげる必要があるのです。

手指は第二の脳といわれるとおり、手指をたくさん使うほど、脳を刺激してネットワークが広がり、いろいろな分野で高い能力を発揮できる、賢い子どもになっていきます。

ただし、あれもこれもやらせたい、とにかく手指を使わせたいと、子どもの意思を無視してなんでも与えればいいというものではありません。

その時期に適した、子どもが欲する遊びをタイミングよく与えると、子どもは夢中になってその遊びに没頭します。そのときこそ、脳内ネットワークがどんどんつながっているときなのです。

身近なものをつかって手指を使う遊びで、五感（視覚・聴覚・触覚・味覚・嗅覚）をたくさん刺激していきましょう。

乳幼児期は、まるで真っ白なキャンバスにいろいろな色が彩られる時期。真っ白なだけに、いいことも悪いこともすべて吸収していきます。

この時期、子どもに愛情を感じてもらえるような、心地よいかかわりをしていきましょう。そのためのポイントが**「五感の刺激」**です。

乳幼児期は、言葉でうまく表現できない分、五感で必死に情報を読み取ろうとしている時期。目にするもの、耳で聴くもの、手で触るもの、口にするもの、においで感じるものすべてが脳の潜在意識に吸収されていきます。

この〝倉庫〟に、一生消えることのない情報が詰まっていくのです。

いい情報をインプットしていると、必要なときにその倉庫から引き出され、役に立ちます。何か問題が起こっても自分で考え、解決していく力と自信がついていくのです。

繰り返しになりますが、五感の刺激に役立つのが、手指を使った遊びです。

お母さんはわが子をただかわいがるだけでなく、自分の力で自分の道を切り開けるように導き、サポートしてあげてほしいと思うのです。

子どもにイライラしなくなる！子育てがラクになる不思議

子どものことばかり書きましたが、遊びをとおして、お母さんにもいいことがたくさんあります。

「タイミングが大事」、「旬の時期を見逃さないで」と繰り返しお話ししてきましたが、スクールに参加したお母さんたちからよく言われるのが、**「子どもをよく観察するようになりました」**という言葉です。

子どもをよく見るということは、子どもの行動をチェックして、手出しや口出しをするためではありません。子どもの行動の意味、いたずらの意味が冷静にわかるようになるということです。

たとえば子どもが食卓で、コップやお皿をガンガンとたたきつけていたとします。普通なら「たたいてはダメ」と叱ってしまうところかもしれません。でも、この本を読んだお母さんなら、こう考えるでしょう。

「このいたずら、どんな意味があるのかしら」

「このいたずらに代わる遊びってなにかな？」と。

「きっと今は〝たたく〟のがマイブームなのね」と思えれば、たたく音が楽しいのかな、たたいたときの感触を楽しんでいるのかな、と考えることができます。

「コップやお皿はダメだけど、この段ボールならたたいてもいいよ」と代わりのものを与えてあげるお母さんもいるかもしれません。

つまり、**いたずらの意味がわかるから、お母さん自身がイライラしなくなる**のです。

子どもの発しているサイン、子どもが成長したいと思っているチャンスととらえれば、いたずらも困った行動ではなくなります。

いたずらに対する見方と接し方が変われば、お母さんはすごくラクになるはずです。

困った行動を「叱る」必要はありません

私がある幼稚園の代表職を務めていたころ、こんなことがありました。

幼稚園には池があったのですが、ちょうどおたまじゃくしがいる時期でした。そこに数人の園児が集まって、池の中を棒でつついているのを「池の中の鯉《こい》をつつこうとしているのではないか」と心配になった先生が報告に来てくれました。

中心にいるのはいたずらっ子で有名なA君。A君は、ボール遊びをしてもお友達からボールを取り上げてしまうような、少し自分に都合のいいようにふるまうところがある子でした。

先生たちは「またA君か……」とため息。ところが、注意しようと先生が池に近づいてみると、鯉を棒でつついていたのではなく、一生懸命おたまじゃくしをすくおうとしていたのです。これは至って自然な反応ですよね。私も近くに行ってみたら、「伊藤先生、見て！俺がいちばん先に見つけたんだよ」とうれしそうな顔のA君。そのときに「ああ、叱らなくてよかった」と思ったものです。

少し遠くから見て、いたずらをしていると勝手に推測してはいけないと思った出来事でした。

ご家庭でも同じようなことがよくあります。キッチンで家事をしていると、リビングで子どもがなにやらごそごそ……。よく見もしないで、「またいたずらして！」と叱ってしまうこと、ありませんか。

子どもはいたずらをしているつもりではないのかもしれません。何かが面白くて、夢中になっているのかもしれません。

もちろん、いたずらはいたずらでも、「やってはいけないこと」はあります。

それは命にかかわるときです。危険なときやまわりに危害が及ぶようなときです。このときは何がなんでもダメと言いましょう。

伝え方にもポイントがあります。

たとえば、お友達に石を投げてしまう男の子がいたとします。そのとき、もしも、

「なんで石を投げるの？　石が当たったら危ないでしょ！」

と怖い顔で叱ったらどうでしょう。

その男の子は石を投げるのを止《や》めるかもしれませんが、「怖い顔で叱られた」印象だけが強く残ります。人は不快なことが記憶に残るからです。

すると、本当に伝えなければいけない「石を人に投げてはいけない」ということがまったく伝わりません。

人間は不快な感情を排除しようとしますから、「次から怒られないようにどうしようか」ということに意識がいってしまいます。

怒られたくないがために、お母さんが怒ったときに、「ママ〜」と甘えて笑ってみせる子さえいます。

それではなんの解決にもならず、その子を正しい行動につなげることができないのです。

私はお母さんたちに、**本当に危ないときは、体を使って制してください**、とお伝えしています。

石を投げたときは、自らが盾になり、体を入れるようにして制します。

「場面を切り替える」「見えなくする」のがポイントです。そうすると、子どもはハッとした顔をします。

そして、本当に子どもに伝えるべきことは、感情的に伝えるのではなく、冷静になったときに伝えればいいのです。

別の例ですが、おもちゃがほしいと、すぐにお友達に噛みついてしまう、と悩んでいるお母さんがいました。

そのときも、「お子さんが噛みそうになったら、一瞬でいいからお母さんが体を入れて」とお伝えしました。

そして、そのタイミングで、すぐに別のおもちゃを「はい」と渡してもらいます。すると、制するといつもキーッとなって癇癪《かんしゃく》を起こしていたお子様も、穏やかになって噛まなくなったそうです。

ただ、噛みつきに関しては、子どもに「噛んじゃダメ」と伝えるのは少し違います。このケースの場合、噛むのはおもちゃがほしいからですよね。そのおもちゃがその時、その時期にその子には必要だったのです。

噛むのはおもちゃを手に入れるための手段に過ぎないのです。ですから、ほかのおもちゃ

をあげるなどして、心が満たされると噛まなくなるはずです。

噛むという「行為」ではなく、どうして噛むの？という「なぜ」に注目すると、対処方法がわかります。

すごい集中状態である「フロー」体験をたくさんつくりましょう

「子どもの幸せそうな顔」というと、どんな顔を思い浮かべますか。

私は30年間乳幼児教育に携わるなかでたくさんの子どもたちを見てきましたが、「やりたいことに集中しているときの顔」ほど、子どもが幸せそうな顔はありません。

私のスクールでは、その子にとって適切な時期に、適切な道具を使って遊ばせますが、子どもが夢中になって遊んでいるときの顔は、たまらなくかわいいものです。

なぜか唇をとんがらせます。よだれを垂らす子も多いです。夢中になって口が開いてしまうのですね。**鼻息が荒くなっている子もいます。まさに至福の時、といった様子です。**

乳幼児が集中すると、こういう顔になるのだなあ、と何度見ても飽きることがない表情です。

こんなわが子の幸せそうな顔を間近でご覧になったお母さんが、「うちの子、こんなに集中できるんですね」と涙を流されることも多々あります。

周囲から「癇癪持ちで落ち着きがない子」と言われ、子育てに自信をなくしていた、あるお母さんは、わが子が「入れる・落とす」遊び（58ページ）に夢中になっている姿に感動されていました。

何をさせようとしても、すぐキーッとなるあの子が、唇をとんがらせながら、黙々とひとつのことを繰り返し繰り返し取り組むことができるなんて……と。私はこの「わが子の幸せそうな顔」をひとりでも多くのお母さんに見せてあげたくて、今の仕事をしていると言っても過言ではありません。

ある1歳2カ月のお子さんのお母さんはスクール参加後、すぐに100円ショップに寄って道具を購入。「家に帰るとジャンパーも脱がずに夢中でやっています」と報告してくれました。

こんなふうに一心不乱に集中している状態をこの時期から経験しておくと、**集中力がつくのです。**

子どもが集中して無心になっているとき、お母さんが話しかけても耳に入ってきません。このような状態を、よく私たちは「フローな状態に入っている」と言います。

スポーツ選手などにもよく見られるのですが、**乳幼児期からフロー状態を数多く経験すると、スイッチの切りかえが上手になります。**

ここぞというときにフローのスイッチが入り、集中しやすくなります。つまり、フロー状態になるクセがつくのです。

その集中力は当然、勉強やスポーツにも生かされます。私の息子も中学3年のギリギリまで部活に打ち込んで、勉強はいつやるのかしら、なんて思っていたら、中学3年の秋からいきなりスイッチが入って勉強をしはじめ、見事トップ校に受かりました。

この本のメソッドを実践したお母さんが口をそろえて言うのが、「(わが子の)いざとなったときの集中力がすごい」です。やる気スイッチが入りやすい状態になるのですね。

今、無気力無関心の子どもが多い時代ですが、**乳幼児期に夢中になる経験をたくさんしておくと、やる気に満ちた、知的好奇心の強い子どもになります。**

ちなみに集中力は年齢プラス1分といわれています。1歳なら2分、2歳なら3分です。ですから私の運営するベビースクールでは、たくさんのおもちゃを用意して、飽きたら次、次、といろいろなおもちゃを子ども自身に選ばせています。

よく、「子どもが飽きっぽい」と悩むお母さんがいますが、そうではありません。**子どもは、年齢が低いほど情報処理能力が高いだけ。**だから、大人が想像する以上にパパーッと処理して自分で完結させてしまうので、興味がうせると「次、次」と興味の対象が移るのです。

たとえば赤ちゃんに絵本を読み聞かせるとき、すばやくページをめくると集中しますが、お話がわかるようにゆっくり読むと、子どもの目線が絵本から離れてしまうことがあります。ゆっくり読んでいるのが、まどろっこしくて見なくなってしまうのです。

そういう時期は、話の内容よりも、絵が展開するほうが面白い時期。ストーリーを伝えるよりも、どんどんページをめくって読んであげてください。

このような高速で読みたい時期を過ぎて、1歳半くらいになると、ゆっくり読んでほしくなることが多いようです。

将来「イヤイヤ期」に困らなくなる大メリット

何を言っても「イヤ」、なんでも自分でやりたがり、自己主張が強くなり、困り果てているお母さんが多いのがイヤイヤ期です。〝魔の2歳児〟といわれることもありますね。

スクールに来ているお母さんに聞くと、このイヤイヤ期がないと言います。

周囲のお母さんやお子さんを見て、「そういえば、イヤイヤ期がうちの子にはない」と気づくようです。

それは、先にお話しした「わが子を観察するようになる」お母さんの姿勢と深くかかわっています。

お母さんは常に子どもの行動の意味を考えるようになるので、「イヤイヤ」があっても困った状況ではなくなるのです。つまり、お母さんの見方が変わるということです。

2歳くらいになると、子どもの自我が出てきて、自己主張をするようになります。この状況を一般的に「イヤイヤ期」と呼んでいるのですが、お母さんがわが子の行動の意味を理解し、対応できたとしたら……？　そう、「イヤイヤ」は「イヤイヤ」ではなくなるのです。

子どもが何か自己主張したとき、「ああ、こうしたいのね」と行動の意味を読み取り、「じゃあ、こうしてみようか」と子どもが満足するような対応ができていたらどうでしょうか。子どもは反抗する必要がなくなるので、穏やかになります。

ところが、お母さんが子どもの「イヤイヤ」を受け止められず、「ダメって言ってるでしょう！」などと怒ってしまうと、火に油を注いでしまうことになります。

子どもは心から満足すると穏やかになります。

満足すれば穏やかになるのに、「やりたい」途中で止めさせてしまうから、「ギャーッ」っと泣いてしまうのです。

やりたいことを途中で止めさせる理由のほとんどが、「今急いでいるから」「面倒くさいから」という親の都合ですよね。今のお父さん、お母さんは忙しいので、すべてを責めるつもりはないのですが、少しだけ待てば子どもは満足するのに、そのほうが結果としてラクなのに……と思うことも少なくありません。

もちろん、子どものわがままをなんでも聞いてあげる、という意味ではありません。子どもの本当の欲求を理解し対応すれば、子どもと意思の疎通ができるのです。

たとえば子どもが引き出しの中身をどんどん出しているとします。

そのときお母さんが「引き出しからものを出されたら困る」と思えば、子どもは「困ったことをする子」になりますよね。

でも、「この子は今、いろいろ引っ張り出したいのね。引き出しの中身を出していろいろと研究しているのね」と思えたとしたらどうでしょう。

「たくさん出しちゃったけど、あとで片づければいいや」と思えたら、お母さん自身がラクになりますね。

この道具メソッドをしながらわが子と接しているうちに、子どもをよく観察するようになると、子どもが何を求めているかがわかります。そして「こうしたいのね」と共感したうえで、できることはさせます。そのままやらせることができない場合や状況でも、少なくとも子どもを理解しようとしてかかわることができます。

意思の疎通ができれば、小さな子どもでも、「お母さんは自分の気持ちがわかってくれている」「私を理解し、認めてくれている」ということは伝わります。こうして**お母さんと子どもの信頼関係が築かれていくと、子ども自身の自己肯定感、自信へとつながっていくのです。**

その自信や自己肯定感は、子どもの根底に一生残るでしょう。**子どもが大きくなって社会に出て荒波にもまれたとき、それを乗り越える力になるのが、乳幼児期に育まれた自己肯定感です。**

今はこんなふうに書いている私ですが、わが子の3人の子育て中はたくさんイライラもしましたし、理不尽な怒りをぶつけてしまったこともあります。その後、モンテッソーリ教育を学び、モンテッソーリ教育の幼稚園で働くことで「あのときこうすればよかった」「こうしておけばもっと上手に対応できたのに」と反省もしました。

自分の失敗がわかるからこそ、今のお母さんの気持ちもわかるのです。これから紹介する道具メソッドを使い、イヤイヤ期を上手に乗り越えたいものですね。

やりたいことを「自分で選ぶ」と自信がつく！　自立する！

すでにお話ししましたが、この道具メソッドでは、遊びの道具を子ども自身に選ばせます。決して、お母さんが「このおもちゃ楽しいよ。やってごらん」などと呼びかけたり、無理に与えたりすることはしません。

自分でやりたいものを選び、小さな「できた!」を繰り返すことで、子どもは大げさではなく「自分の力で生きている」という実感を持てるようです。

自信がつくから、もっとやりたい、とやる気に満ちてきます。もしできなかったとしても「できなくて、くやしかったね」とお母さんが共感していれば、そこで自信を失うことなく、何度も挑戦して、できるようになるまでやることが多いようです。**何度も挑戦するこの経験が、子どもを成長させます。**

その時期に適切な道具(おもちゃ)と出会い、小さな成功体験を繰り返すことは、想像以上に人生に影響します。

たとえばものを「つまむ」には、主に親指、人さし指、中指の3本の指を使いますね。**「つまむ」を繰り返す道具でこの3本の指が鍛えられると、クレヨンや鉛筆を持てるようになったり、箸を上手に使えるようになったり、ボタンを上手に留められるようになったりします。**

遊びが日常生活での「できる」にダイレクトにつながるので、「これもできた、あれもできた!」と自分でできる喜びにあふれてくるのです。これが「自分の力で生きている」

喜びにつながります。

何か未知のものに出会うと、**「できない」といやがったり、しり込みしたり、挑戦しようとしない子どもは、この成功体験が足りないのです。**やがて、お母さんに「やって」と依存してしまうようになるかもしれません。

子どもの世話に追われて、大変になっているお母さん、「この子はまだ小さいから無理」「私がやってあげないとできない」と思っていませんか？　子どもって意外となんでもできるし、わかっているものなのです。

子どもが喜ぶことは子どもが求めていること。子ども自身が答えを知っています。

まだ4カ月の赤ちゃんが初めてスクールに来たとき、髪飾りとタオルとぬいぐるみをぶら下げて見せました。「どれがいい？」と聞くと、ちゃんとほしいものを見つめました。どの赤ちゃんでもそうでした。**どんな小さな子どもでも、自分のほしいものは自分で選べるのです。**

「内発的動機づけ」という心理学用語があります。好奇心や関心など、自分のなかの自発的な思いで動くことをいいます。子どもはこれが強いのですが、このことがやる気につながります。だから自分で選ばせてあげたいのです。

やりたいと見つめたり手を伸ばしたものは、子どもに必要なもの。それが子どもの成長につながります。

子どもは大人になり、やがて社会に出て自立しなければなりません。「自分の力で生きていける」子どもにしなければならないのです。そのためにも、自分でできた、の経験をたくさんさせてあげましょう。

子どもは「能力を使いきる」と、満足して心おだやかになる

子どもはやりたいことをとことん満足するまでやりきると、本当に心が安定して穏やかになるものです。これを知っていると、子育ては少しラクになります。

幼稚園に入園して以来、なかなか教室に入らず外で遊んでいるB君という男の子がいました。クラスの子どもたちが歌を歌い始めても、ずっと外で遊んでいます。しばらくすると教室に入ってきますが、部屋のコーナーでパズルをやっています。

いわゆる「困った子」ですが、担任と話し合い、しばらく「待つ」ことにしました。

担任の先生は、たとえB君がパズルをしていても、

「いいよ。パズルが終わったらおいで」

と言っていました。B君も、パズルが終わるとイスには座るのです。

そして入園以来、5カ月が経過。9月になったときのことです。

B君が自分から「先生、もう集まる時間だよね」と言って、みんなと同じようにイスに座ったというのです。

「伊藤先生、B君が座るようになりました。本当に待っててよかった！」

担任の先生は感動して泣いていました。


どういうことかというと、B君は「満足」したのではないでしょうか。とことん遊ばせてくれて、パズルをやらせてくれた、そして何カ月もの間、待っていてくれた先生のことが大好きになって、信頼関係が生まれたのです。

先生のことが大好きだから、その信頼に応えたいという気持ちになり、イスに座ろうと思ったのでしょう。その証拠に、イスの下の足を見るとブルブル震えています。動きたく

てウズウズしているのです。でも頑張って先生の顔を見て話を聞いています。

その一生懸命な様子、けなげな姿に私も心が動かされました。**「きっといつかはできるようになる」と信じて待つと、子どもは気づいて変わる**のですね。

自ら気づいたときに、人は正しい道を歩けるようになるのです。


B君の例は、幼稚園という教育の場だからできたことかもしれませんが、これからご紹介する道具を使えば、とことん満足するまで遊ばせることができます。

もちろん食事の時間も忘れて遊ばせるわけにはいかないので、時間を決める必要はありますが、少なくとも、その時期に子ども自身が伸ばしたいと思っている力を伸ばし、そのとき持っている能力を使いきるので、満足できるのです。

そうやって**今できる旬の経験をやりきった満足感を味わって大きくなると、一気に子どもの能力が開花します**。

たとえば小学校に入ってからは、元気すぎて、自分でやりたいことをどんどんやっていく子どもになります。

お母さんから見ると、「この子は大丈夫かしら、みんなとやっていけるかしら」と心配になるほど元気なのですが、多くの場合、小学校の高学年になると落ち着いて、それが実力となって表れます。

やる気に満ちて、自分の意見を堂々と言い、みんなを引っ張っていく存在になっていくのです。

その子の発達に合わせた「遊び」を与えましょう

これから紹介する「遊び」の道具は、モンテッソーリの教具を元に、私が独自にアレンジしたものです。一般家庭向けに、ペットボトルなどの身近な素材と１００円ショップで売っているグッズで簡単に作れるものを厳選しました。

一見、ふつうの「手作りおもちゃ」ですが、従来のおもちゃとの違いは、その道具（おもちゃ）によって、「伸びる能力」や「遊ぶ目的」が明確になっていることです。

たとえば、「食器や食べ物をわざと下に落とす」「道路の溝に小石を入れる」などのいたずら（行動）が見られたら、それは「入れる・落とす」能力を引き出すサイン。その時期の子どもの成長・発達に必要な「入れる・落とす」道具（おもちゃ）を与えます。
するとと、子ども自ら手を伸ばしきて、夢中になって遊び始めるのです。

面白いのは、本書のメソッドを実践していると、お母さん自身が子どもを「ただ遊ばせる」から、「今の子どもの成長・発達に必要なものを与える」という意識に変わるということです。子どもにとって「今ブームの遊びをするのが楽しい」「その時期に必要な能力が伸びる」のはもちろんですが、お母さん側にも、子どもが夢中になるものを探し、与えることができる喜びがあります。

実際、１００円ショップに行くと、「これはうちの子が夢中になるかも」とひらめいて、工夫しておもちゃを作るようになるのだそうです。

お母さんの喜びは子どもにも必ず伝わるので、お子さんはどんどんイキイキしてきて、目が輝いてきます。

このように、お母さんに**「今この子にとって何が必要なんだろう」と考えるクセがつくようになる**と、将来子どもが思春期になり、口数が減ってきたときに子どもが考えていることがわかるようになります。

だから子どもに適切な対応ができるようになるのです。ただの道具、と思われるかもしれませんが、子どもに与える影響以上に、お母さんも変わるのです。

遊ばせるなら、ただ子どもが楽しむおもちゃではなく、発達にそった考えるおもちゃで、子どもの能力を伸ばしてあげたいですね。

スクールに最初にお子さんを連れてくると、なかには激しく泣いている子もいます。そういう子には、すかさず遊びの道具を与えるようにしています。

泣いている子どもの泣き止ませ方は「抱っこしかない」と思っているお母さんが多いようですが、０歳代の赤ちゃんでさえ、おもちゃに夢中になります。

子どもは能力を使いたがっている生き物です。
人は興味があるものに出会えると、夢中になります。
そのときこそ能力が伸びるときです。

大人だって、夢中になることに出会えたら輝きますよね。まだ幼い子どもにとっては、それがたくさんのおもちゃ（道具）に出会うことなのではないでしょうか。

その出会いをお母さんがサポートしてあげてください。**この時期に子どもが夢中になる出会いをどれだけつくってあげられるか**なのです。

ただ、子どもができること、やりたいことには個人差があることを、どうぞ心に留めておいてください。

マイブームやその遊びにハマる旬の時期は、ひとりひとりの子どもによって違います。紹介する遊びの道具（おもちゃ）には、「1歳から」など、それを与える時期の目安を書きましたが、あくまでも「目安」です。

大切なのは、わが子を観察すること。そして自分で選ばせることとです。

お母さん自身が、お子さんの様子をみて、ベストタイミングで与えてあげて「夢中になれるおもちゃとの最高の出会い」をつくってください。

第1部

能力を引き出す「遊びの道具箱」

第1の箱 入れる・落とす

道路の溝に小石を入れたり、持っていたコップやスプーンを落としてみたり……。お母さんにとってはこんな〝困った〟行動も、子どもにとっては興味津々の遊びです。「握って放す」を繰り返すこと、触った感じや重さの違い、入れたときの音だって、子どもにはドキドキするほどの刺激のかたまりなのです。

★こんな動きが見られたら

- スプーンや食べものを下に落とす
- 家具のすき間やソファーの下などに、おもちゃを入れる
- ゴミ箱にものを入れる
- 小石を溝に入れる
- 箱の中にものを入れる
- カードをカード入れに入れる
- コンセントに棒を入れる
- ボタンを押す

★なぜ興味を持つのか

- ものを入れると見えなくなることが面白い（視覚の刺激）
- 入れたときに音がする（聴覚の刺激）
- 手に握っていたものを手放すとなくなる（触覚の刺激）
- 穴の中に入れるときの難しさが面白い（手指の巧緻性）

★遊びの目的

- 握る、放すを連続して行うことで大脳の発達を促す
- 目と手の協応発達を促す
- 手指の巧緻性を研ぎ澄ます
- 手首の運動
- 材質の異なるものを、触覚的な違いや重さの違いを味わいながら入れる

家具のすき間やソファーの下におもちゃを詰め込んだり、食べものをつかんで床に落としたり、ときにはコンセントに棒を入れるなんて危険なことも……!!

「ポイしないで！」なんてお母さんは怒ってしまいがちですが、今まで手のなかにあったものが見えなくなること、握っていたものを穴に入れてポトンと落とすこと、大人からすればなんてことのないこんな動きが、子どもにとっては最高に不思議で面白く、五感を刺激するものなのです。

まずものを握ってその感触を手で味わい、どこかに入れたり落としたりして見えなくなることで視覚が刺激され、落としたときの音による刺激も受けます。穴の中に入れるときはちょっと難しいですが、子どもにとってはその難しさが逆に面白いのです。そう、子どもにとっては実験しているようなものなのですね。

スプーンやコップ、食べものを落とす〝いたずら〟が続いたら、次のようなおもちゃで、まずはお母さんが何度もゆっくりやってみせてください。

今日か明日かというくらいのタイミングで、旬を逃さないことが大切です。

ただ、無理にやらせようとしたり、手を出して手伝ったりする必要はありません。まずは大人であるお母さんが面白そうに遊んでいる様子を見せてあげましょう。やりたくなったら、子どもは必ず手を伸ばしてきます。それまでは焦らずに待っていれば大丈夫。やり始めたら止まらないくらい、ハマること間違いなしの遊びです。

Step 1 ピンポン玉入れ

始める時期の目安▼6カ月〜

作り方

ミルク缶とそれを包む布（なければ箱やタッパーで代用してもOKです）を用意します。入れるものは穴の開いたピンポン玉のほか、お手玉・鈴（大）などでもいいでしょう。ピンポン玉・鈴は100円ショップで購入できます。

ミルク缶を布で包んで、入り口はゴムで伸び縮みできるようにして出来上がりです。

遊び方

ものを握ることは小さな赤ちゃんでもできますが、ものを手から放すのは意外と難しいものです。最初は「パーッ」と声を出して、お母さんがお手本を見せながら、手を放すように促してあげるといいでしょう。

最初の段階ではピンポン玉くらいの大きさがベスト。ピンポン玉ならどの方向からでも入れやすく、穴に引っかかることもありません。穴の大きさはピンポン玉よりやや大きめにして、入りやすくしてあげるのがコツ。とくに最初は、「できた！」という成功体験をたくさんさせてあげてましょう。


ピンポン玉入れを続けているうちに、簡単に入れられるようになってきます。子どもによっては同じ遊びを何度も何度もやる子もいるし、どんどん違うものを入れたがる子もいます。お母さんのなかには「すぐ飽きるからうちの子は飽きっぽい」と心配する方がいますが、そうではありません。逆に同じ遊びばかり飽きずにずっと続けている子もいます。それはそれで、「これでいいのかな？」と思うお母さんもいるようです。どちらがいい、悪いということではありません。

何度も何度も同じ遊びを繰り返す子は研究熱心な子です。研究職に向いているかもしれません。そしてすぐに次の遊びをやりたがる子は、飽きてしまったのではなく、その遊びをクリアしてしまっただけ。頭の回転がよくて、どんどん吸収してしまう子です。

さて、ピンポン玉入れをクリアして満足している様子が見えたら、そのタイミングを逃さず、次のステップに進みましょう。

Step 2 ビー玉入れ

始める時期の目安▼1歳〜

作り方

塩ビ（塩化ビニル）製のふたのついた缶や瓶、タッパーなどの食品保存容器（高さのあるものが望ましい）を使い、ふたにビー玉がギリギリに入るくらいの大きさの穴をカッターやハサミを使って開けます。穴の大きさは、穴の上にビー玉を乗せて、ぐっと押さないと落ちないくらいにするのがコツ。すると、ボタンを押すように力を入れないと下に落ちません。そのちょっと難しいところに、子どもはハマるのです。

遊び方

ビー玉入れは、ピンポン玉よりも子どもがハマる大人気の遊び。なぜなら落ちるときの音が面白いからです。落ちるときの音は、タッパーより缶や瓶のほうが赤ちゃんにとっては断然面白いです。

これも、まずはお母さんが遊ぶ姿を見せてあげましょう。Step 1のピンポン玉入れをクリアしているお子さんなら、すぐにやりだすでしょう。

ただし、**ビー玉は何でも口に入れてしまう時期の赤ちゃんは飲みこんでしまう危険があります。ママがしっかりそばについていてあげることが条件です。**どうしても心配な場合は、Step3で紹介する「ホース入れ」に挑戦してみてください。

Step 3　ホース入れ

始める時期の目安▼8カ月〜

作り方

Step2と同様に食品保存容器にホースの直径に合わせて、ホースが入るくらいの大きさの穴を数カ所開けます。ホースはホームセンターなどで、直径の違うものを買い、5cmくらいの長さに切ったら、それぞれ2、3カ所ずつ切り込みを入れます（誤飲したときの対策のため。67ページのイラスト参照）。

遊び方

太さが違うホースを用意するのは、頭のトレーニングのためです。直径が小さいホースなら、どの穴でも入りますが、直径が大きいホースは、入らない穴もあります。そのとき子どもは考えながら、当てはまる穴を探しますよね。それが刺激になるのです。

もっといろいろなものを入れて遊びたいお子さんには、100円ショップで売っているネームプレート（チップのような形をしたもの）を、これもまた100円ショップで売っている貯金箱に入れさせてみるのもいいでしょう。子どもはなぜか、「固いもの」を入れるのが好きなようです。

気をつけてほしいのは、必ずStep1からスタートすることです。段階を経て次のステップに進んでほしいのです。いきなりできないものから挑戦させてしまうと、子どもはそれだけで自信をなくしてしまうことがあります。

ホース入れ

チップ入れ

「わざわざ手作りしなくても、市販のおもちゃでも似たようなものがあるのでは？」と思う方がいるかもしれません。でも、私の経験上、できるようになったおもちゃは、その時点で遊ばなくなってしまいます。

「せっかく買ってあげたのに、すぐに遊ばなくなってしまった」「うちの子はおもちゃで遊ばない」「飽きっぽくて、落ち着きがないのでしょうか」といった声をよく聞きますが、先にお話ししたように、子どもはそのレベルをクリアしてしまうと、次に行きたいだけ。簡単にできてしまうおもちゃには、もう魅力を感じないのです。ステップアップしたい、成長したいのが子どもです。作るのはちょっと大変かもしれないけれど、そのタイミングを見逃さず、さっと手作りのおもちゃを与えてみてください。とことん満足できるところまで遊び尽くした子どもは、落ち着いた子どもになりますよ。

「ビー玉落とし」は本当に子どもがハマる遊びで、スクールでも大人気。時には取り合いになることもあります。先日も、C君とD君の2歳の男の子同士でこのおもちゃの取り合いをしていました。「いつもお友達のおもちゃを取ってしまうんです」と、C君のお母さんは悩んでいました。取られたD君は泣いて、C君のお母さんは「やめなさい！」と注意していました。その様子を見ていた私は「お母さん、ちょっとしばらく見ていて」と一言。C君に「どうしてもこのおもちゃで遊びたかったんだね、面白そうだもんね」とたくさん共感したうえで、「どうしたらおもちゃを貸してもらえるかな？」と聞きました。そうするうちにC君は次第に泣き止んでいました。そしてしばらくするとC君は、D君に「はい」とおもちゃを渡したのです。これにはお母さんがびっくりしていました。

C君はいじわるでおもちゃを取ったわけではない。おもちゃがただポンと置いてあっただけなら、面白そうに見えないけれど、お友達が遊んでいるおもちゃって、子どもには本当に面白そうに見えるのです。だから自分もやってみたい、遊んでみたくてしかたがない、と思っているだけなのです。

私たちはつい慌てて「○○くんが遊んでいるおもちゃなんだから、ダメ！」「順番でしょ！」などと言って叱ってしまいがちです。でも大切なのは、どれだけ大人が待てるかということ。

子どもからしたら、「十分遊ばせてもらった、待ってもらった、許してもらった」と思えたときに、心が満たされて、「はい」とおもちゃを譲れるのですね。時間がかかることですし、お母さん同士の信頼関係がないとできないことではありますが、もしできるなら、

入れる・落とす遊び
こんな動きが見られたら
ビー玉入れ
※ビー玉やピンポン玉などを誤って飲み込まないように注意しましょう。
音がたまらない
コトン
MILK
ピンポン玉入れ
ホースは切り込みを入れる
ホース入れ

子どものことを信じて待ってあげてほしいと思います。お母さんはトラブルを避けたいし、早く解決させてしまいたいから、つい手出し口出しをしてしまいます。

私がそのときまわりの子どもたちに伝えたのは、「もう少ししたら貸してくれるから、待ってみようね」ということ。乳幼児だからって軽んじてはいけません。子どもだってみんなちゃんと待てるのですから。

もちろん初対面のお母さん同士ではなかなかできることではありません。そういう場合はしかたがないので、ほしがるおもちゃを体で隠して、違うおもちゃを与えるようにしましょう。

第2の箱 引っ張る

子どもは突起しているものを見るとなぜかそれが気になって、つまんで引っ張りたくなるようです。でもそれはいたずらなんかじゃありません。「これは何？」「何が隠れているの？」という好奇心でいっぱいになっているだけ。引っ張ると見えないものが出てくることも、視覚の刺激になっているのです。

★こんな動きが見られたら

- ティッシュを出す
- 引き出しのものを引っ張り出す
- トイレットペーパーを出す
- ゴミ箱のものを出す
- お財布の中身を出す
- セロテープを出す
- 棚や箱から食品を出す
- カーテンを引っ張る
- ひもを出す　●カゴを引っ張る
- 髪の毛を引っ張る

★なぜ興味を持つのか

- ものを引っ張ると出てくることが面白い（視覚の刺激）
- 突起しているものを見つけると気になり、つまみ引っ張りたくなる（視覚・触覚の刺激）
- つまんで引っ張ると見えないものが見えてくる（視覚の刺激）
- 動かそうと思ってやった動きの成果が見える（触覚の刺激）
- 引っ張るときの音が面白い（聴覚の刺激）

★遊びの目的

- 手指の巧緻性を促す
- 「つまむ」「引っ張る」動きで目（視覚野）と手（運動野）の協応発達を鍛える
- 手と腕の筋肉を強化する

ティッシュボックスの中からティッシュを残らず出してしまったり、カーテンを引っ張って遊んだり、ゴミ箱に手を突っ込んでゴミを散らかしたり……。もっと小さな赤ちゃんのころには、抱っこしているお母さんの髪の毛をギュッと引っ張って、その力の強さに驚いた方もいるのではないでしょうか。

子どもにとって、引っ張るとものが出てくること、動かそうとして手を伸ばすと、その動きの成果が目に見えることが、そんなことが面白いのです。

ものを「引っ張る」、なんてことのない動きのようですが、実は目でその対象物をしっかりとらえ、手を伸ばして引っ張るという、目と手の連動した高度な動きを行っています。

最初のステップでは、お母さんと一緒に遊べるものを紹介します。

Step 1 ハンカチつな引き

始める時期の目安▼4カ月〜

作り方

用意するものはハンカチだけ。生地はオーガンジーのようなやわらかい素材の布を選びましょう。

遊び方

まずはお母さんのほうからしかけます。ハンカチを握り、ほんの少しだけ（5㎝くらい）引っ張って見せます。「引っ張りっこしよう」などと声をかけながら、子どもの手元にハンカチの突起部分を持っていきます。子どもの手が伸びてハンカチを握ったら大成功！お母さんと子どものつな引きのスタートです。小さな赤ちゃんでも、握る力や引っ張る力はありますから、引っ張り合って握力を鍛えてあげましょう。

まだ小さい赤ちゃんなら、ハンカチ以外にも、ヘアゴムを使って引っ張り合うこともできます。ヘアゴムを子どもの指の第2関節に引っかけて、お母さんが引っ張るだけ。ゴムの抵抗を感じるので、反射的にギュッと握って引っ張り合うことができます。人さし指、中指、薬指、小指と続けていけば、握る力も強まってきます。

ママがしかける、と言いましたが、ゴムの抵抗する力を利用して、子どもが引っ張りたくなるようにしかける――お母さんがちょっとだけ刺激を与えるのです。

子育てのなかで、子どものやる気を引き出すメソッドは、すべて同じだと思います。ちょっと頑張ればできそうなものを「ちら見せ」して、やる気を引き出したら、あとはさらっと流す。これがポイントです。

Step 2 ひっぱりボックス

始める時期の目安▼5カ月〜

作り方

ティッシュを引っ張って遊びたがるお子さんなら、引っ張るおもちゃを作ってしまいましょう。20㎝四方のオーガンジーのようなやわらかい布を10枚ほど用意して、端と端を結んで長くしたものを市販の筒型のウェットティッシュにしまいます。布の端を少しだけ出しておきます。

遊び方

最初はお母さんがゆっくり布をつまんで出してみせましょう。ティッシュを出したがる子どもなら、すぐに布を引っ張って遊びだします。

Step 3 ひっぱりチェーン

始める時期の目安▼1歳～

作り方

子どもが夢中になって遊ぶ、人気のおもちゃです。

ミルク缶などの容器を布でくるみ、中央に2㎝四方くらいの穴を開けます。プラスチックのチェーン（100円ショップで購入できます）を1ｍくらい用意します。チェーンの両端には単語帳などに付いているリングを付けておきます。

引っ張ったときに穴からチェーンが全部出ないように引っかけるためと、子どもが引っ張りやすいようにするためです。チェーンを缶の中に折りたたんでしまいます。穴からチェーンを少しだけ出しておけば出来上がり。

遊び方

「じゃらじゃら引っ張るよ」などと声をかけながら、お母さんがゆっくり引っ張って見せます。音が鳴るのも面白く、また長いチェーンを引っ張るためには、右手、左手と手を持ち替える必要があるので、高度な遊びです。

同じ要領で、写真の「ひっぱりビーズ」も子どもは夢中になって遊びます。箱の上に2カ所ほど穴を開け、それぞれにヘアゴムを通します。ゴムの端にはビーズ（巾着《きんちゃく》の先についているような大きめのもの。100円ショップで購入できます）をつけ、引っかかるようにします。箱の片側だけガムテープで留めます。引っ張ったときに箱が動かないように、おもりになるものを入れておきます。最後まで引き終わったゴムは、箱のふたを開けて元に戻しておきます。引っ張ったとき、ゴムが伸びる分、面白いようです。

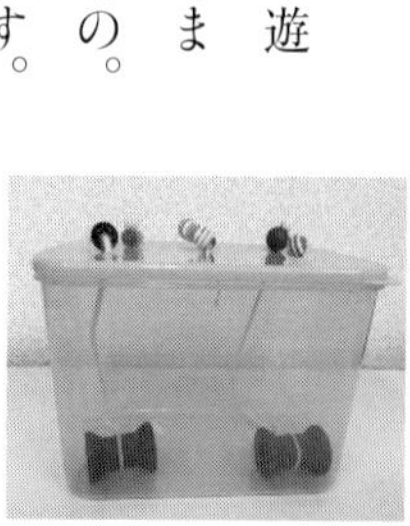

「おばあちゃんの家で引き出しの丸い突起に指をかけ、引き出しを開けて遊んでいました」と喜んで報告してくれたお母さんがいました。子どもが引き出しを開けて、中の洋服などを全部出してしまうこと、よくありますよね。そんなとき、「片づけるのが大変！」とイラッとしてしまうお母さんの気持ちもわかります。でも、「引っ張る」ことが大切な成長発達の過程だと知っていれば、「引き出しを引っ張れたのね！」と喜んであげることができます。知らなかったら怒ってしまうことも、知っていれば「できたね」と感動できるのです。そのお母さんも、「あとで片づければいいや」と思えたそうです。

引っ張る遊び
こんな動きが見られたら

ひっぱりっこしよう
ヤーー！
ヘアゴム引きも楽しいよ
ハンカチつな引き
ひっぱりチェーン
ジャラ
ジャラ
ビーズゴムを引っ張るのも楽しい
おもり
ひっぱりボックス

第3の箱 つまむ

子どもがその小さな指でものをつまむこと。つまんでいるものはたいてい大人が目もくれないもの、つまんでほしくないものばかり。でもよく見てください。そんな小さなものをつまめることができたのです。なんて器用なんでしょう！　つまむことで指の力がついていくと、やがて鉛筆やお箸の練習につながっていきます。

★こんな動きが見られたら

- 床に落ちているゴミをつまむ
- ごはんつぶをつまむ
- 石をつまむ
- シールやラベルをはがす
- ポスターや壁紙をはがす

★なぜ興味を持つのか

- つまんだ感触が面白い
（触覚の刺激）
- 細かいものを指先でつまむという高度な技術を磨きたい
（手指の巧緻性・集中力）
- 突起しているものを見つけると、つまみたくなる
（視覚・触覚の刺激）

★遊びの目的

- 指のより繊細な動きを習得する
- 一本一本の指が独立して曲げられる
- 親指と人さし指の動きを養う

「つまむ、拾う」という動きは、前項の「引っ張る」動きに通じるものです。

床に落ちているごはんつぶなど、子どもって汚いものほど拾いますよね。そんなとき、お母さんはつい、「ああ、汚い。また掃除しなくちゃ」というほうに意識がいってしまいますが、ちょっと視点を変えてみてください。「ああ、こんな小さなつぶも拾えるんだ」と。だって、小さなごはんつぶを目でとらえ、狙いを定めて手を伸ばして、目的のものをつまむことができるようになったのですから。

モンテッソーリは、障がい児がパンくずを拾って食べたのを見て、これは知的発達の表れではないかと発見したそうです。

「つまむ」ことができるようになると、ハサミや鉛筆、箸の使い方が上手になります。なぜなら、**つまむときに使う親指と人さし指、中指の3本は、ハサミや鉛筆、箸を扱うときに必ず使う指だからです**。

小さいころから「つまむ」を繰り返しておくと、この3本の指の筋力が知らず知らずについてくるのです。

Step 1 スポンジつまみ

始める時期の目安▼6カ月〜

作り方

製氷皿（1マス1・5㎝×1・5㎝くらいのもの）と、マスの大きさよりも少し大きく切った（2㎝四方くらい）スポンジ、つまんだスポンジを入れる容器（お皿など）を用意します。達成感を持たせるために、子どもがやりきれる数だけ、スポンジを製氷皿に差し込みます。スポンジがマスから少し突き出るように差し込むことがポイント。

遊び方

マスに差し込んだスポンジをつまみ、容器に移して遊びます。まずはお母さんが楽しそうにやって見せてください。いろいろな色のスポンジを使えるなら、そのほうが楽しいでしょう。一度にたくさんできなくても大丈夫。全部つまんで容器に移しきれたら、たくさんほめてあげてください。そのためにも、最初は全部移しきれそうな数だけ、スポンジを差し込んでおきましょう。

Step 2　シールはがし

始める時期の目安▼8カ月〜

作り方

2cm四方の丸形のシール（またはビニールテープ3cm）と、薄い粘土板やまな板を用意します。板にシール（またはビニールテープ）を等間隔に貼ります。このとき、ペタッと全部貼り付けないのがポイント。子どもがつまみやすいように、少し折り曲げて浮かすように貼りましょう。

遊び方

シールを少し浮かしておくと、その突起が気になるのか、子どもははがそうとします。その原理を利用して、歩けるようになった子には、少し手を伸ばすと届く場所に貼るようにすると、背伸びをして必死にはがそうとします。ただし、背伸びをしすぎると危ないので、お母さんが必ずそばについていてあげてくださいね。

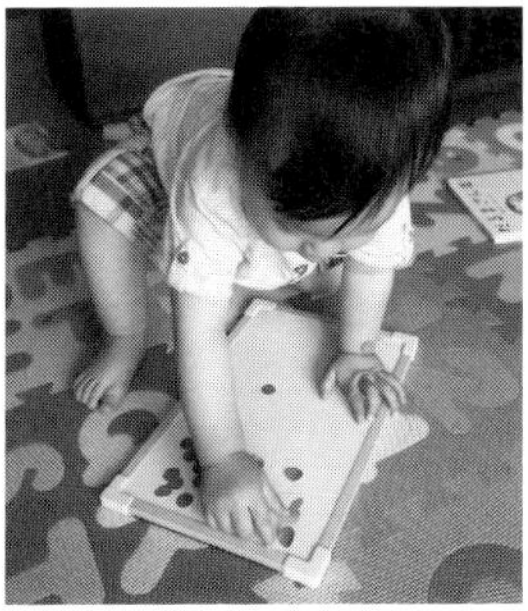

不思議なのですが、子どもはシールを貼るよりもはがすほうが好き、積み木も積むよりも崩すほうが好きなのです、そのほうが面白いし、レベル的にも初歩段階で楽しいのでしょうね。

鉛筆やお箸を持つ前段階として、つまむ、はがすをやっておくととてもラクです。最近、筆圧が弱いお子さんがとても多いと感じています。おそらく、家庭や遊びのなかで、親指、人さし指、中指を鍛えるチャンスが圧倒的に少ないのでしょう。

もう少し大きくなったら、パズルなどの遊びもたくさんやらせてあげるといいですね。

Step 3 スポンジボール色合わせ

始める時期の目安▼1歳半〜

作り方

製氷皿（1マス4cm四方くらいのもの）と赤青黄のスポンジボール、スポンジボールを入れる容器を用意し、赤青黄の丸シールを製氷皿の1マスずつ各色均等な数だけ貼っておきます。

つまむ遊び
こんな動きが見られたら
スポンジボール色合わせ
色を合わせる練習
すこしはがしておく
背のびをしてはがせる所へ
シールはがし

遊び方

1マスごとに貼ったシールの色に合わせて、スポンジボールを入れていきます。

色の違うところにスポンジボールを入れてしまっても、**間違いを訂正しないようにしましょう**。まだ色の違いを理解できない段階なのだと認識するにとどめます。教え込んでも理解するようにはならず、自尊心を傷つけるだけになるからです。

色がわかってくると、最初は数個、色に合わせて入れられるようになってきます。でも、集中力が続かないのか、最初から全部色に合わせて入れるのは難しいようです。

そんなとき、注意したいのは間違えを訂正しないということです。色が合っていないのにスポンジボールを入れられただけでも子どもは満足です。

「ここは違うよ。赤はこっちでしょ」などと指摘してしまうと、せっかくできたと思って満足していたのが台なし。しかも、まだ間違いに気づいていないときはそのレベルに到達していないということなので、否定されたと思ってしまうだけで意味がありません。

自分で間違えたと気づいたときが本当に色を理解できたときなので、「できたね」「頑張ったね」の労いの言葉のみ声をかけてあげたいですね。

第4の箱　振る・たたく

まだ生後1～2カ月の小さな赤ちゃんでさえ、ものを振ったりたたいたりする動きが見られます。自分の意思で体を動かすこと、そして振ったりたたいたりしたときの音が刺激になっているのです。同時に、握力、腕の筋力、手首などを鍛えることにつながっています。身の回りのものを使って、たくさん遊んでみましょう。

★こんな動きが見られたら

- ガラガラを振る
- テーブルをたたく
- パパやママの顔をたたく
- コップやお皿をたたく
- カンカン音を立てる
- 巾着袋を振り回す
- スプーンやフォークで机をたたく

★なぜ興味を持つのか

- 振る・たたくことで音がする
(聴覚の刺激)
- 自分の意思で動かしたい
随意筋を研ぎ澄ましたい
(身体の発達)
- 縦に動かすのを楽しむ
(運動連合野)

★遊びの目的

- 自ら選び、遊ぶことで
赤ちゃんの自立を助ける
- 握る力・腕の筋力を鍛える
- 手首を使って動きを確かめる
- 手や腕の力加減で音の出方や
リズムを楽しむ

赤ちゃんを抱っこすると、ママやパパの顔をたたくことがあります。それが結構痛かったりして、その力にびっくりしてしまいますね。でもこれも、赤ちゃんにとっては楽しい遊びです。ママが「痛い！」なんて言えば言うほど喜んでたたいてきます。大人の反応を楽しんで、刺激を求めているのです。試しに、無反応でいてみてください。つまらなくなって、すぐやめてしまいますよ。

コップやお皿をたたくのも大好きですね。レストランでやられてしまったら困りますが、これも赤ちゃんが自分の能力を伸ばしたがっているサインです。公共の場なら、布など音が鳴らないものをたたかせるようにしましょう。マナーとしては「家に帰ってからやろうね」と言いたいところですが、子どもが夢中になっている遊びは、今まさに旬の遊び。叱って行動を止めてしまったら、もうそのようなチャンスは来ないかもしれません。子どもが伸ばしたいと思っている芽をつみたくないのです。

家でものを振ったりたたいたりする動きが見られたら、コップやお皿ではなく、次のようなおもちゃを使って、たくさんいろいろな音や感触を味わわせてあげてください。

Step 1　マラカスシェイク　始める時期の目安▼4、5カ月〜

作り方

市販のおもちゃのガラガラや鈴でもいいのですが、手作りのマラカスなら、いろいろな音や感触を楽しめます。ペットボトルで手作りのマラカスをつくる場合もありますが、子どもの手に持ちやすいほうがいいので、化粧水のボトル（瓶ではなく、プラスチックの軽い容器のもの）がおすすめです。中に入れるものは、お米、小石、あずきなどがいいでしょう。

遊び方

お母さんが振ってみせて、いろいろな音を聞かせてみてください。それぞれ音が違い、振ったときの力加減で音の出方やリズムが違うので、子どもたちはとても楽しいようです。

Step 2　たいこたたき　始める時期の目安▼6カ月〜

作り方

ミルク缶などの丸い缶と風船を用意します。風船の口をハサミで切り、缶にかぶせ、周囲をビニールテープで貼ったら出来上がり。粘土棒などを使ってたたきます。

遊び方

粘土棒を使って、たいこのようにたたいて遊びます。簡単なようですが、小さい子どもにとっては、たいこの的に当ててたたくのは、最初は難しいかもしれません。ママが楽しそうに1回たたいて見せてから、子どもに1回たたかせてあげましょう。音がいろいろ変わる経験もさせたいので、ミルク缶以外にもお菓子の缶など、たたく素材をかえてみましょう。あまり音が鳴らない素材のものは楽しくないので、紙や布などの素材は避けたほうがいいでしょう。

さらにステップアップしたものとしては、「積み木と積み木を打ち鳴らす」遊びがあります。子どもがよくやる遊びですが、2つのものを打ち合わせるのは、実はかなり高度な動きです。7カ月くらいから始めるのが目安です。

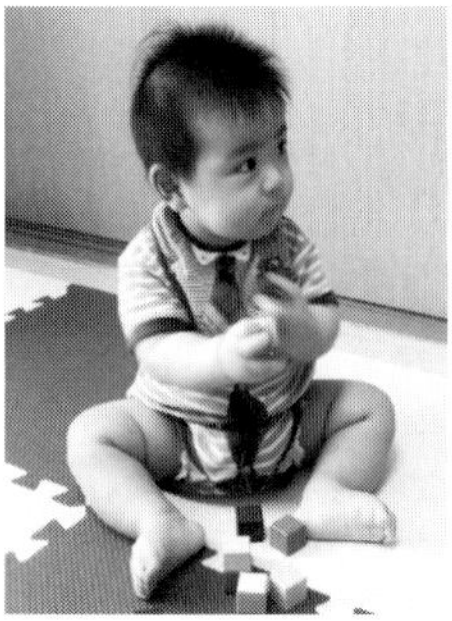

振る・たたく遊び

マラカスシェイク

たいこたたき

いろいろな素材を使って、違った音を聞かせることで、聴覚が研ぎ澄まされます。この時期からいろいろな音を聞き、微妙な音の違いを経験していると、将来的に音楽的な力につながったり、外国語のリスニング力にもつながったりします。また、意識して音に耳を傾けることで、集中力につながり、人の話をよく聞いて脳で考える習慣がつくようになります。

5歳のE君は絵に描いたようにやんちゃな男の子。いつもお母さんに怒られていて、「僕ってダメな子なんだよね」と言っているのを聞くたびに、私は胸が苦しくなっていました。

ある日、E君が幼稚園でぬいぐるみを振り回して走っていました。担任の先生は「ダメだよ」と注意をするばかり。私も一緒に見ていましたが、よく見るとそのぬいぐるみから糸がほつれていました。そこではっとひらめいた私は、急いで針と糸を持ってきて、E君に「ほつれているから縫ってあげようね」と声をかけました。その様子をじーっと見ているE君。しばらくするとセロハンテープを持ってきてくれました。「痛くないかな」と言いながら。

こんなときが、子どもって本当に純粋でかわいいと思う瞬間です。ぬいぐるみを振り回すことをただ「ダメ！」と叱るのではなく、ものの大切さを実践しながら伝えてあげることができて、私もうれしかった出来事でした。

E君からすれば、振り回すのが楽しかっただけ。室内だったし人に当たるので、たしかによくないことだけれど、怒られてやめるのではなくて、自分で気づいてほしかったのです。担任の先生からも、「そういう気づかせ方があるんですね」と言われ、それ以来、何でも「ダメ！」とは言わなくなりました。

第5の箱　ちぎる・やぶる

新聞紙や絵本をちぎったり、やぶったり。お母さんがつい怒ってしまいがちな行動も、子どもにとっては両手を使える面白さ、やぶれるときの音の刺激、自分の力でものの形が変わっていく楽しさであふれています。やぶってほしくないものをやぶられるのは困りますが、やぶっていいものはたくさん与えてあげたいですね。

★こんな動きが見られたら

- 紙をやぶく
- 本をやぶる
- チャックをおろす
- トイレットペーパーをちぎる
- 葉っぱや花びらをちぎる

★なぜ興味を持つのか

- 両手が使える面白さ
  （両手のコントロール力）
- やぶれるときの音を楽しむ
  （聴覚の刺激）
- 自分の意志で動かしたい
  随意筋を研ぎ澄ましたい
  （身体の発達）

★遊びの目的

- 握る力・腕の筋力を鍛える
- 手首を使って動きを確かめる
- 指先の細かい動きや力の入れ方をトレーニングする
- 利き手に関わらず両手を使うことで脳をバランスよく発達させる

気がついたら紙をちぎっていて、「ああ、あと片づけが大変」と嘆いてしまうお母さん。でも、「ちぎる・やぶる」ができるということは、すごいことなのです。

「ちぎる」動きを分析すると、手でつまんで、左右違う方向に向けないといけません。子どもにとって、最初はとても難しい動きです。両手をコントロールする力も必要です。

紙ちぎり

始める時期の目安▼7、8カ月～

遊び方

とくに作り方や遊びのステップはありません。音や感触が違うことが楽しいので、やわらかいティッシュペーパーや広告の紙、新聞紙、半紙、包装紙などいろいろな材質の紙を用意して、ちぎる楽しさを伝えてあげましょう。

最初はお母さんが両手で紙を持ち、「ビリッ」と音を表現しながら見せます。まずはビリッと短くちぎって見せ、次にビリビリビリと、長く切って見せます。子どもが手を伸ばして興味を示したら、少しだけ切れ目を入れて渡してあげましょう。子どもから見るとその切れ目の部分がとても気になるので、手が伸ばしてつまむ、というところからスタートです。

普段なら「あとで掃除が大変！」となってしまうところですが、今日はちぎって遊ぶと決めたら、シートを敷くなどして、「好きなだけちぎっていいよ」と伝え、思う存分ちぎらせてあげてください。

大人でも経験があると思いますが、ちぎったりやぶいたりすると、気持ちがスッキリします。ストレスの発散につながるのでしょう。子どもにとっても、解放感、やりきった感覚につながるのだと思います。外で遊びたくても遊べない、雨の日の遊びにはもってこいですね。

新聞紙を自分からやぶいたりちぎったりできるようになるのは、おすわりができるころからです。ちぎるという行為も、集中力につながります。なにより、「やりきった感」があるので、自分でできた、自分でやれたと思えることが自信につながり、自己肯定感になっていきます。

幼稚園児くらいの年齢になっても、子ども用の小さいふりかけの袋や、おしょうゆやソースが入っている小さい袋が切れない子も増えています。「ちぎる」の遊びを小さいときからたくさんやっていないためでしょう。慣れてきたら、だんだん硬い材質の紙にもトライしてみましょう。

外にお散歩に行ったときなどに、子どもが葉っぱや花をちぎってしまったという経験がある人もいるのではないでしょうか。そんなとき、お母さんはどうしていますか。「ちぎっちゃダメ！」と叱ってしまいますか。

人のおうちの庭に咲いているきれいな花をちぎってしまったならともかく、そうでないのなら、「ちぎるって面白いね」と共感しながら、子どもにちぎる感覚を味わわせてあげたいものです。

散歩のときに瓶や小さな袋を持っていき、葉っぱや花をちぎったら瓶や袋に詰めて、持って帰るのもいいですね。あとで汁を絞って遊んでもいいでしょう。

なんということもない遊びですが、１つのことからどんどん遊びのバリエーションが広がっていきます。そういう発想力が、子どもの将来の発想力につながります。

なんでも「ダメ」と言わずに、いつでもどうしたら楽しく、面白くできるかな、という視点で考えるといいのかもしれません。

今のお母さんたちがかわいそうだなと思うのは、他人の目を気にしすぎていること。

昔はまわりの大人が子どもを叱ってくれて、お母さんのほうに何か言ったりはしませんでした。でも今は、たとえば電車で子どもが大声をあげたり騒いだりしたら、まず「あのお母さん、子どもを叱りもしないのかしら」「どういうしつけをしているのかしら」と思われてしまいます。というよりも、お母さん自身が、まわりから責められている気持ちになってしまうのですね。

葉っぱをちぎるのもそうですが、とりあえずここで子どもを叱っておかないと、ダメなお母さんだと思われてしまうという気持ちがあります。でも私は「それって本当にダメなこと?」と思うのです。ママ自身が、人からどう思われるかではなく、子どもが何をしたいのか、という目で見ると、同じことでも全く違った光景に見えてきます。

「ああ、今は葉っぱをちぎりたいのね」「今やっていることは、こんな意味があることなのね」と思えるようになると、面白くなりますし、葉っぱをちぎることがダメ、という発想にはならないはずです。

お母さん自身がはみ出したことをしてはいけない、と思いがちです。こうすべき、という狭い視野で子どもを見てしまうと、本当は広がる可能性を狭めてしまいます。

そんな枠なんて、取っぱらってしまっていいのよ、とお母さんに伝えたいです。子どもって、アリをつぶしたり、ミミズをちぎったりしたいんですから。そういう遊びからいろいろなことを研究しているのですよ。

ちぎる・やぶる遊び
こんな動きが見られたら
紙ちぎり
雨の日の遊びに
小さいと
ビリッ
大きいと
ビリビリ〜
ビリビリビリ〜
ビリ〜
いろんな紙をビリビリ楽しんで
SALE
テッシュペーパー
トイレットペーパー
広告の紙
新聞紙
半紙
包装紙

第6の箱 投げる

ものを握ってつかみ、手から放して遠くに投げる――。ひとつひとつの動きを分析すると、子どもにとっては魔法のようにものすごいことなんです。ものから手を放したら、投げた先を予測すること、ものが移動する様子がとても面白いのです。子どもがものを投げ始めたら、チャンスです。旬を逃さずたくさん遊ばせてあげてください。

★こんな動きが見られたら

- ごはんを投げる
- コップを投げる
- おもちゃを投げる
- 本棚から本を投げる
- スプーンを投げる

★なぜ興味を持つのか

- いろいろな動作が面白い（運動野の刺激）
- 物を離すことが面白い（運動野の刺激）
- 投げた先を見て予測する（視覚・予測）

★遊びの目的

- 握る・腕を動かす・放すという複数の動きを同時にする刺激が脳を発達させる
- 握る、投げる、転がすなどの動作を覚える
- 投げたあとの軌跡を追い、ものの移動を研究する
- 手や腕の力加減で転がりを予測できるようになる

食事中にお母さんがせっかくつくったごはんを投げられたら、悲しくなってしまいますね。子どもはそんな事情は知りませんから、子ども用のコップを投げたり、スプーンを投げたりすることもあります。私もよくお母さんから「子どもがなんでも投げちゃうんです」と相談されることが多いです。

お母さんから見たら、本当にやめさせたいことかもしれません。でも、しかたないのです。だって「投げる」って子どもにとってはとても面白いのですから。子どもの様子を見ていると投げて終わりではありません。投げたあと、たいてい、目でその先を追っていますよね。その軌跡を見ながら、ものの移動を研究しています。**手や腕の力を加減しながら、投げた先、転がった先を予測できるようになる**のです。

ボール投げ

始める時期の目安▼9カ月〜

遊び方

とくに遊びのステップはありません。ごはんやコップをいたずらで投げ始めたら、まずは「投げたいのね」と言って子どもの気持ちに寄り添います。かといって、ごはんやコップを投げさせ続けるわけにはいきませんから、そこで、「それならこういうものがあるよ」

とボールやお手玉を渡しましょう。「ママと一緒にぽーんしようか」「楽しいよ」と言いながら。

子どもは最初はぽかんとしているかもしれませんが、とにかく子どもが見えるところで、まずママが一人で「楽しいな」などと言いながら、遊んでいるところを見せます。

でもこのとき絶対に子どものほうを見てはいけません。**子どもを誘っている感じが伝わらないように、「ほら、こっちに来て！」と言ったり、「はい」とボールを渡したりしないのがポイントです。**とにかく、「やりたいならどうぞ」という雰囲気で近くにボールを転がしておき、**子どもが自ら動きだすのを待ちます**。

近づいてきたら、「やりたい？」とさらっと聞きます。近づいて、手が伸びてくるのは、子ども自身が「自分にもできそう」と判断した証拠です。ここで焦って無理やりやらせて、「できない」経験をさせる必要はないのです。

小さな赤ちゃんなら、紙を丸めてあげると軽くて投げやすいでしょう。

最初は赤ちゃんが握れるくらいの大きさに丸めるのがコツ。小さいボールは危ないからと、お母さんは小さい赤ちゃんであればあるほど、大きくてやわらかいボールを与えがちです。

でも**子どもにとっては、大きくてもただ「持てる」だけのボールより、手の中に「握れる」大きさのボールのほうが楽しいのです。**片手で握れるボールは、自分で自由に動かせますが、大きなボールを両手でかかえても、「投げる」動きを味わうことはできません。

「転がす」遊びも、「投げる」遊びと同時期で大丈夫。投げるのに飽きたらボールを転がしてペットボトルをボウリングのピンに見立てて当ててみるのも喜びます。

「転がす」遊びで面白いのは、追視《ついし》といって、子どもが動くものを目で追う様子がよくわかることです。転がった先に、どこに行くのかを予測して見ようとする。小さな赤ちゃんでもそれがわかるのが、すごいことなのです。

わが家の息子が5カ月のときの話です。まだ子ども自身はボールを転がすことができなかったので、私はボールをころころ同じ方向に転がせて何度も見せていました。

あるとき、わざと画用紙をつい立てのようにして、転がっていく途中で隠してみたのです。すると、隠した瞬間に、ぱっとボールが出てくる方向を見るではありませんか。「ああ、見た！」と感動したのを覚えています。5カ月の赤ちゃんでも、ボールが出てくる方向を予測できるんだな、と。

また、私のスクールに来てくれた1歳9カ月の男の子は、ホームセンターで売っている透明なホースを使った遊びが大好きです。

透明な1mほどのホースに直径1㎝くらいのビー玉（100円ショップで購入できます）を入れ、ホースの中を流れていくのを見ているだけなのですが、お母さんによると、何度も何度も繰り返しやるのだそうです（写真）。最初はビー玉が流れていく速さに目が追いつかなかったのに、**何度も繰り返すうちにさっと追視ができるようになった**そうです。

家でも材料さえあればできるものですが、手が届く高さのところにホースをガムテープで留めると、まずビー玉を入れることに夢中になります。次に、転がっていくビー玉に夢中になります。視野が広がり、おもちゃ全体を見られるようになった証拠です。

似たような市販のおもちゃもありますが、手作りのいいところは、自分で位置や高さを自由に変えられるところ。毎回変化があるから面白いのです。自分で高さを変えて、ビー玉が転がる様子を何度も試しているのです。

投げる遊び

こんな動きが
見られたら
ボール投げ
ポーン
エイ！
新聞紙を
丸めた
ボール
小さめに
丸めて
わあ！
おごい！
玉転がし
段ボールの的
ペットボトル
ボウリング
コロコロ

ただし、ビー玉を飲みこむのが心配な月齢のお子さんの場合は、まだ遊ぶのは早いです。ビー玉があっても、口に入れようとしたり、なめようとする時期は絶対にやらないでください。1歳半を過ぎたらあまりなめなくなると思いますが、それでも必ずお母さんはそばで見ていてあげてくださいね。

最近の子どもは視野が狭くなっています。だから転びやすく、つまずきやすい。安全面でもとても危ないのです。見えるべきものが見えていない、というのでしょうか。**「見る力」を伸ばすためにも、「転がす」遊びはおすすめです。**

ただ、注意点としては、お母さんが夢中になりすぎて、「こっち見て、見て！」とサポートしてしまうこと。そうすると逆効果になってしまいます。この本で紹介しているすべての遊びに通じますが、まずは**「子どもが動いて」**から**「お母さんが動く」**のです。

お母さんがきっかけをつくってあげることはいいのですが、結果や反応をすぐに求めないようにしましょう。先へ先へと誘導しないことが大切です。

第7の箱　運ぶ

あんよができるようになると、子どもは何かを運びたくなるようです。「ものを運ぶ」と考えると、とても高度な動きのように思いますが、子どもにとっては楽しい遊びのひとつ。なかには重いものを持ちたがる子もいますが、これは負荷をかけることで歩く力をより強めようという子どもの無意識の行動のようです。

★こんな動きが見られたら

- バケツの水を運ぶ
- 水を入れたコップを運ぶ
- おもちゃを運ぶ

★なぜ興味を持つのか

- 自分の意志で動かしたい
  随意筋を研ぎ澄ましたい
  (身体の発達)
- ものを自分の力で移動したい

★遊びの目的

- 運動能力を発達させる
- 二足歩行を強化する
- 平衡感覚を養う

おもちゃを運ぶのから始まって、コップに入った水を運んだり、公園で砂遊びをしたときには、バケツに入った水を運んだり。子どもはとにかく「運ぶ」ことが大好きです。お母さんには危なっかしく見えてしまうこともあるけれど、どうぞその〝自分の意思で動かしたい〟というやる気を止めないであげてください。

運ぶという動きは、**運動能力の発達につながります**。負荷のかかるものを持つほど、二足歩行の強化にもなります。また、たとえばコップの水など、中に入っているものをこぼさないように運ぶことで、**平衡感覚も養います**。

なんといっても、運ぶのは**お手伝いの第一歩**。上手に運べるようになれば、お母さんの家事の頼れる戦力になってくれますよ。

Step 1 コップ運び

始める時期の目安▼1歳〜（歩けるようになってから）

作り方

すべり止めを敷いたトレー（どちらも100円ショップで購入できます）とコップを用意します。コップの中には、傾いてもこぼれないように、水を六分目くらいまで入れて、トレーの真ん中に置いて運びます。すべり止めがあれば、多少傾いて持っても大丈夫。

遊び方

最初はお母さんが運んで見せてあげましょう。「お手伝いしてくれる？」と声をかけてみて、運べたら「ありがとう」と言ってあげてくださいね。

お盆やトレーで運ぶということ自体、機会を与えてあげなければできにくくなっています。こぼれないように気をつけて運ぶということは、**集中力が必要で、精神のコントロールにつながります。**

バランスを取りながら運ぶのは、辛抱強くないとなかなかできません。たとえばお友達が使っているおもちゃがほしいなと思ったときにも、「ちょっと我慢しようかな」と思えるようになります。**続けていくうちに、心も体もコントロールする力がつくので、とても穏やかになります。**

落ち着いた心をともなわなければ、トレーを運ぶことはできないのです。私の教室でも、おもちゃはすべてトレーに入れて棚に置いています。持ち出すときも片づけるときも便利ですし、子どもたちは喜んで運んでくれます。

運んでいるうちにコップの水をこぼしてしまうこともあるかもしれません。でも**失敗し**

たときこそチャンスです。どう対処すればいいのかを教えるときなのです。

まず「こぼしちゃったね。一緒にぞうきんを取りに行こうか」と言いましょう。こぼしたらいけない、と思わせないようにするためです。まだ筋力もついていませんし、練習している段階ですから、失敗するのは当たり前。失敗させないようにさせるのではなくて、失敗してもいい道具を使って遊びましょう。

ぞうきんを取りに行ったら、拭き方を教えてあげて、ぞうきんをしまうなり、洗濯機に入れるなりして、処理の仕方を教えます。これで次からは、ぞうきんの場所もわかるので、自分で対処ができるようになっていくのです。

Step 2 ピンポン玉運び

始める時期の目安▼2歳半〜

作り方

ピンポン玉運びは、コップ運びよりかなり難しくなります。プラスチックのレンゲ、ピンポン玉、入れものとなるカゴを用意します。

遊び方

レンゲの上にピンポン玉を1つのせ、落とさないように気をつけながら、カゴに入れる遊びです。カゴまでの距離の目安は、3、4歩というところでしょうか。ピンポン玉は軽いので、レンゲから落としやすいもの。落とさないように運ぶこの行動が、集中力につながります。

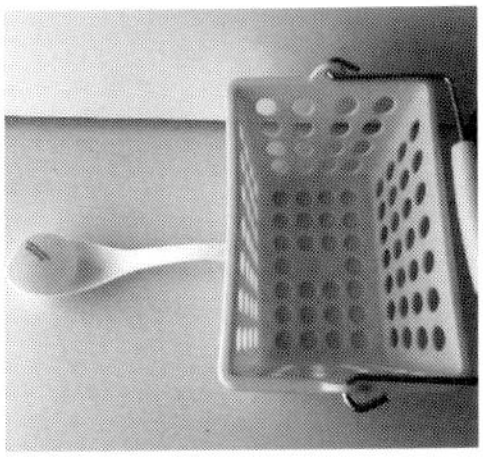

これ以外にも、お手伝いの延長で、水を入れたペットボトルをビニール袋に入れて持って歩かせてもいいでしょう。買い物のついでに試してみることもできます。

注意しなければいけないのは、**子どもが家まで運びきれる距離と重さにすること。途中で運べなくなるような距離や重さにすると、かえって自信を失わせてしまう**からです。

持ちながら外を歩くのが難しそうなら、買い物から帰宅して、「玄関からリビングまで運んで」と頼んでもいいでしょう。子どもの今のレベルを見極めることが大切です。

日常生活のなかでは、洗濯物が入ったカゴを運ぶなど、お手伝いにつなげることができます。「これ、重いんだけど持てるかな？」と言うと、子どもは「できるよ！」とやる気になることが多いのです。とくに成功体験を積んできた子は、絶対にやりたがります。

4カ月のときからスクールに来てくれているFちゃん。1歳半になったときにお母さんが、

「先生が〝歩かせてください〟とよくおっしゃるので、最近、ベビーカーや抱っこひもを使わずに、よく歩かせています」

と言います。そしてついに、ママとよく行く近所のお豆腐屋さんに〝初めてのおつかい〟をさせたというのです。

もちろん、お母さんは少し離れつつも後ろを歩いて付いていったそうですが、家からお豆腐屋さんまで10分かけて一人で歩き、「どうぞ」とお金を渡してお買い物。ときどき後ろを振り向いてお母さんを確認しながら、お豆腐の入った袋を持って、来た道を家まで歩き、なんと5階までの階段も一人でのぼったのです。

そして玄関に着いたとき、「やったよ！」といううれしそうな顔をしてお母さんとハイタッチ。

運ぶ遊び
こんな動きが
見られたら
ありがとう 助かるわ
コップ運び
100円ショップの
すべり止めシート
コップは
真ん中に
買い物の時
お手伝いをして
くれるようになり
ました
そっーーと
ピンポン玉運び
レンゲ
3・4歩

このような経験は、**子どもにとっても成功体験になるので、自己肯定感が上がります。**それよりなにより、お母さんが変わります。

Fちゃんのお母さんは、最初スクールに来たときは自信なさげで、「電車で泣かれたらどうしていいかわからないので、乗れません」と言っていたほどでした。それが今は、Fちゃんを野放しにして、イキイキと遊ばせるお母さんになりました。Fちゃんとともにお母さんも目がキラキラ輝いていて、まさに開花したのですね。

ときどき、明らかに歩けるような年齢のお子さんをベビーカーに乗せている親御さんを見かけます。お母さんが一人で連れて行くのが大変、荷物が多い、抱っこをせがまれるから……といった事情があるのはよくわかります。ただ、可能な限り、子どもにはたくさん歩かせてあげたいものですね。

まだあんよができない赤ちゃんには、はいはいもたくさんさせてあげましょう。背筋、腹筋、四肢を鍛えるのに、はいはいは最適なのです。

第8の箱　移す

コップからコップに水を移したり、バケツに砂を入れたり……。こんなことも、子どもにとってはものが自分の手によって移動する楽しさ、道具を使う面白さなどにつながります。いずれはお茶を入れたり、ごはんをよそうなど、生活に必要な能力につながる、大切な第一歩なのです。

★こんな動きが見られたら

- コップの水をジャーッとこぼす
- コップの水の入れ替えをする
- じょうろで花の水やり
- バケツに砂を入れる
- 小麦粉をまき散らす
- 水たまりで水遊びをする
- お茶を入れたがる

★なぜ興味を持つのか

- ものを手を使って移動したい
（身体の発達）
- 移動させるときの
触り具合と音を楽しむ
（触覚と聴覚の協応）

★遊びの目的

- 微細運動で運動神経を発達させる
- 道具を使いこなす
- 腕と手指の筋力を鍛える

6カ月～　手
1歳～　レンゲ
1歳半～　トング
2歳～　スプーン
2歳半～　箸

キッチンで水道の水を流しっぱなしにしてコップからコップへ水を移して遊んでいるお子さん。飽きずに続けている様子に、「お水がもったいないでしょ」と言ってしまった経験はありませんか。たしかにお水はもったいないのですが、少しだけ待ってみませんか。

幼稚園に勤めていたころ、年少の男の子が水道の前から動かないので先生たちが困っていました。見てみると、蛇口から流れる水道に手をかざしたり、口から飲んでみたり、いろいろな方向から触ったりして流れる水で遊んで〝研究〟していた男の子。注意しようとする先生たちに「ちょっと待って」と言った私は、20分間、その子をただじっと見ていました。

子どもは〝小さな研究者〟です。「もったいないから止めなさい」と言う前に、そんな子どもの**探究心、知的好奇心を大切にしていきたい**と思っています。

Step 1 手づかみ移し

始める時期の目安▼6カ月〜

作り方

ものを「移す」ときはまず「手」ですくうことからスタートします。手でその感触を十分味わわせてあげましょう。

2つの容器（ボウルでもお皿でも何でも）を用意し、手を使って移動させるときの触り具合と、音を楽しみます。移すものの中身は何でもOK。たとえば、「マカロニ」「あずきなどのお豆」「小さく切ったスポンジ」「お米」などがおすすめです。

2つの容器を横に並べ、向かって右側の容器の中にマカロニなどを入れておきます。

遊び方

遊び方は簡単。右側の容器に入っているマカロニなどの中身を手でつかんで、左側の容器に移していきます。

まずはお母さんがやってみせてあげましょう。ものをつかんで移す手は右手だけではなく、左手も使ってみてください。この時期の子どもは、利き手だけでなく、両方の手を使ったほうがいいと思います。全部移しきれたらほめてあげてください。

達成感を味わわせるためにも、やりきれる量だけ入れておくのがコツ。

なお、ものを口に入れる時期の赤ちゃんの場合は、お豆などを口

に入れてしまうことがあります。誤飲や窒息の恐れがないように十分気をつけて、お母さんは子どもから目を離さずに一緒に遊んであげてください。

Step 2 すくい移し

始める時期の目安▼1歳～

遊び方

容器を2つ用意することと、中身に入れるものはStep1と同じです。ここにレンゲを用意して、右側の容器からレンゲですくい上げ、左側の容器に移していきます。

このとき、レンゲの持ち方に注意。**まだスプーンやお箸を持てない子どもは、上からつかむようにしてレンゲを持ちますが、ぜひ、下から（手のひらで受けるように）持つように教えてあげましょう。**

この時期から正しい持ち方を教えてあげると、スプーンやお箸の持ち方を教えるときにとってもラクになりますよ。

とはいえ、あくまでもここでの目的は「移す」遊びを楽しむこと。夢中になって移しているお子さんに、「そんな持ち方じゃダメ！」なんて怒らないでくださいね。

Step3は、スプーンやトングでものを移しましょう。スプーンも、正しい持ち方を教えてあげてください。

トングは100円ショップで売っているシュガートングのほうが、子どもでも使いやすいです。1歳半くらいから始めるのが目安です。スプーンはすくえる面積が狭くなるので、子どもにとっては難しいようです。

レンゲやスプーンですくうという行為は、実はとても難しい動きをしています。分析すると、まず**レンゲやスプーンを持つ→すくう→回転させる**という動きになります。

このとき、手首の筋肉や持つ力、とくに**親指、人さし指、中指の3本の指の力がつくので、たくさんやっておくと、鉛筆がラクに持てるようになります**。

先日も、1歳9カ月の女の子に初めて鉛筆を持たせたら、スッと持ち自然に書き始めたので驚きました。教室から「わーっ」と声が上がったほどです。お母さんに聞くと、よくレンゲを使って遊んでいたそうです。

1歳で鉛筆を持てた

どの道具を使うときでも、子どもが飽きないようにちょくちょく中身をかえていきましょう。

また、レンゲやスプーンなどの道具を使って「移す」遊びではありませんが、コップでの水の空け移しも子どもたちがハマる遊びです。これは2歳半くらいからが目安です。

コップを2つ用意して、水を移すだけなのですが、コップの形によって難易度が違います。

水の空け移し

ビーカーやピッチャーのような、手を「C」のような形にして持てるコップなら、比較的簡単にできるようです。コップの水でジャージャー遊び始めたときが、この遊びを始めるタイミング。

水に食紅などで色をつけるのも楽しいです。いきなりやらせると、一気に水を入れてしまったりたくさんこぼしたりするので、お母さんが見せることが大切。とにかく、ゆっくりゆっくり水を移してみせてください。水がゆっくり落ちる音を聞かせるように。

ゆっくりやることで、子どもの集中力や精神のコントロール力につながります。こういう静かな時間って、日常生活になかなかないのです。

移す遊び

※誤って飲み込まないように、必ず大人がつきそって一緒に遊ぶようにしましょう。

この遊びを繰り返した子には、ホットケーキをつくるときに「牛乳をこの線まで入れてね」ということまで頼めるようになりますよ。

カップに赤いテープなどをわかりやすく貼って、「この線に来たら止めてね」とお願いします。

いろいろな形のコップでやらせてみると、**目と手の協応にもなり、注意力を伸ばします。**

第9の箱　はめる

タッパーのふたを合わせたり、カギ穴にカギを入れてみたり。ときには大きいお父さんの靴を履いて笑ってみせたり。「はめる」って実はすごいことなんです。その大きさや形を見分ける力や、一致させる力が必要だからです。こんな茶目っ気たっぷりのいたずらをしはじめた子どもにおすすめの遊びを紹介します。

★こんな動きが見られたら

- タッパーのふたを合わせる
- 鍵穴に鍵を入れる
- パズルをする
- 大人の靴を履く
- 同じコップを重ねる

★なぜ興味を持つのか

- 形を見分ける（空間認識能力）
- 形を合わせて一致させる（モデリング）
- 秩序感を満たすため

★遊びの目的

- さらに細かい動きを身につけ脳の発達を促す
- 腕と手指の筋力を鍛える
- 両手の協応
- 指の筋力
- 構成する力を研ぎ澄ます

「はめる」遊びで最初に思い浮かべるのは、パズルではないでしょうか。本格的なものではなくても、木でできた赤ちゃん向けのおもちゃも市販されています。面白いところでは、ロシアのマトリョーシカ人形もはめこむ遊びといえるかもしれません。

子どもは、形と形を合わせて一致させることが大好きです。「ぴったり合った!」「納まるべきところに納まった」という感覚が好きなのかもしれません。

また、モンテッソーリ教育では子ども特有の「秩序感」に注目していて、この「はめる」という行為は、秩序感を満たしてくれるのです。

秩序感とは、「いつもあるべきものがいつもと同じ場所にあること」「いつもと同じ順序

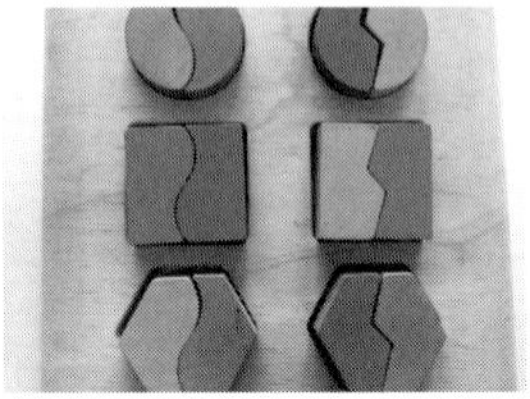

で行われること」など、**子どもが慣れてきた場所、もの、人がいつも通りであると安心することをさします。**つまり、子どもの目線に立っていえば、「いつもと同じがいい！」「いつもと違うから嫌！」ということです。

たとえばお子さんが自分が使っているいつものコップでないと飲みものを飲まないとか、同じ場所でないとごはんを食べない、といった経験があるお母さんもいるのではないでしょうか。

同じコップを重ねたり、大きな箱に小さな箱を入れるなど、「はめる」ことに興味を持ち始めたらチャンスです。

もちろん市販のパズルのおもちゃで遊んでもいいのですが、飽きてしまう場合もあります。ここでは、家にあるものを使ってできる簡単な遊びをひとつ紹介しましょう。

ふた合わせ

始める時期の目安▼7カ月〜

作り方

家にあるいろいろな種類のタッパーなどの食品保存容器、なるべく大きさの違うものを何個か用意しておきます。ふたは外しておきましょう。

遊び方

「この箱にはどのふたがピッタリかな？」と言いながら、お母さんが一生懸命考えてはめているところを見せます。

「こっちかな？　あれ、形が違う」「ちょっと大きすぎかな」などと言いながら。子どもが興味を持ち始めたら、大成功。

そのとき、もし違うふたをはめようとしても、「こっちでしょ」「違うでしょ」などと絶対に言わないでください。**試行錯誤しているときが、子どもにとってはいちばん楽しいときですし、頭をたくさん働かせているときなのです**から。

なお、市販のパズルのおもちゃを使って遊ぶときは、ピースと絵の型が合うように、ゆっくり音を立てないように合わせるように教えてあげてください。**音を立てないことで集中し、手指や精神のコントロール力もついていきます**よ。

はめる遊び
こんな動きが見られたら
形も大きさも、さまざまなフタと容器を別々に入れる
どのフタがぴったりかな
ふた合わせ
はめるおもちゃもおもしろい

第10の箱 はさむ

洗濯バサミで遊んだり、クリップでものをはさんだり、がま口のお財布を何度も開け閉めしたり。「はさむ」という動きは、子どもにとって、なんといっても、ものをつかんで動かすことの面白さがあります。また、とくに指先の高度な使い方を覚えることにつながり、集中力も養います。

★こんな動きが見られたら

- 洗濯バサミで遊んでいる
- クリップでものをはさんで遊んでいる
- がま口の財布を開け閉めしている

★なぜ興味を持つのか

- 3本指を使って鍛えたい（手指の巧緻性）
- ものをつかむ面白さ（触覚）

★遊びの目的

- 指先の高度な使い方を覚え、巧緻性と集中力を養う
- 手先の巧緻性
- 集中力を養う
- 目と手の協応

洗濯バサミを何度も開いたり閉じたり、がま口を開け閉めしたりするのは、その能力を伸ばしたがっている証拠です。その動きを分析してみると、この本で繰り返しお話ししている、**親指、人さし指、中指の3本の指を使っていますね**。

この3本の指を鍛えたいのです。これが、あとあと箸や鉛筆を使うときに役立つことは、すでにお話ししたとおりです。手指の力を微妙に調節しなければならないので、指先の器用さにつながります。

洗濯バサミあそび

始める時期の目安▼1歳半〜

作り方

ビニールひもやロープと、洗濯バサミ、洗濯バサミと同じ数の10㎝四方のはぎれの布を用意します。布は、できればつるつるしたもの、ざらざらしたもの、もこもこしたものなど、材質が違うものがあるといいでしょう。ひもを留めるためのガムテープも用意します。

ビニールひもまたはロープの両端を、リビングなどの壁やイスなど、留めやすいところに、ずれないようにしてガムテープなどで留めます（あとではがすので、きれいにはがれるように注意してください）。このとき、子どもが届く高さにしてください。

その横に張ったロープに、はぎれの布をはさんだ洗濯バサミをつるしていきます。パン食い競争のイメージという と、わかりやすいでしょうか(写真)。

これで準備OK。楽しい遊びのスタートです。

遊び方

つるしたはぎれを、順番に外していく遊びです。子どもにとって、最初は洗濯バサミではぎれをはさむよりも、外すほうが簡単です。

初めてのお子さんには、まず、洗濯バサミの仕組みを教えてあげなければなりません。最初はお母さんが、ゆっくりゆっくり見せてあげてください。洗濯バサミを持ち、押したり開いたりして見せます。そして開いたときに布をはさんで閉じて見せます。その後で開いて布を外すところを見せます。

子どもが興味を持ち、手を伸ばしてきたら、しめたもの。できないときは、まだ無理に

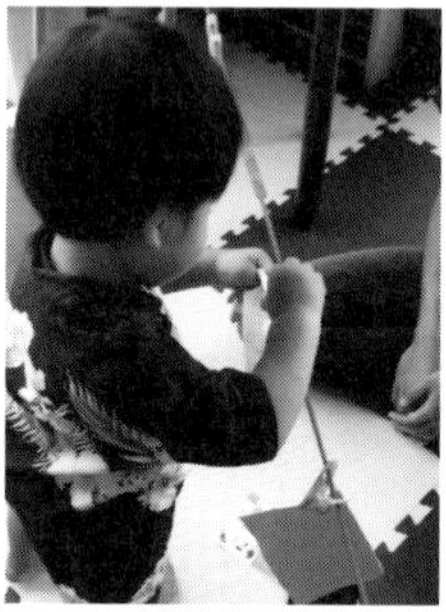

はさむ遊び

こんな動きが
見られたら

洗濯バサミ
あそび

やらせないでください。慣れてくれば、外すだけでなく、布をはさむほうもやってみましょう。

先日、1歳9カ月のG君の家に、ひもと洗濯バサミとはぎれの布を持って遊びにいきました。そのおもちゃを置いて帰ったところ、後日、お母さんから連絡が来ました。なんと、布ではなく、今は小さなふりかけの袋をつるして遊んでいるとのこと。すごくハマっています、と写真を送ってくれました。このように、つるすものをかえて、子どもが好きなものをつるしても楽しめます。

ほかにも、この遊びを教えたお子さんで、お母さんが洗濯物をとりこんでいたら、パーッと駆け寄ってきて、洗濯物を外すのを手伝ってくれたという報告がありました。「遊びがお手伝いにつながった」とお母さんはとても喜んでいました。

洗濯バサミの閉じ開きができないまだ小さいお子さんの場合は、お母さんが着ている服に洗濯バサミをつけておくのも楽しいです。4、5カ月の赤ちゃんでも、お母さんの洋服を引っ張って遊びます。

また、洗濯バサミのおもちゃは、ベッドメリー代わりにもなります。靴下などを干すような小さな洗濯物干しに、色とりどりのはぎれの布や、小さなぬいぐるみをつるしておくと、寝ている赤ちゃんでも興味深く見つめています。市販のベッドメリーでは飽きてしまった赤ちゃんにもおすすめです。ただし、不安定なところにつるして、赤ちゃんの上に落下などしないように注意してくださいね。

第11の箱 ねじる・回す

ねじる・回す、こんなよくある動きが今、日常生活から失われつつあります。たとえば瓶のふたを開け閉めする動きひとつみても、手首を使い、指先の力加減を調整しながら行っているのです。便利な世の中だからこそ、あえて遊びのなかで与えてあげなければ、こんな経験さえできなくなっています。

★こんな動きが見られたら

- 自転車のタイヤを回す
- トイレの水が流れるのを見ている
- 瓶のふたの開け閉めをしている
- ドアノブをいじる
- ペットボトルのふたを開けたがっている

★なぜ興味を持つのか

- 手首を使う練習をしている
- 一致させる（モデリング）

★遊びの目的

- 難しい手首のひねりや指先の力加減など高度な使い方を練習する
- 腕と手指の筋力を鍛える
- 両手の協応を研ぎ澄ます

幼稚園や保育園に入るまで、水道の蛇口をひねったことのある子どもはどれくらいいるでしょうか。

今、水道の持ち手を上下したり、手をかざしたりすれば、水が出てきます。部屋のドアも、レバーを下げて開けるタイプのものが増え、ドアノブを回すこともあまりなくなりました。また、リモコンでなんでも操作できるようになり、テレビのチャンネルを回すなどという動きは、もはやお母さん世代でも知らないかもしれませんね。

ねじる・回すとは関係ありませんが、和式便所が減ったためにしゃがむことができない子や、トイレに入れば自動でふたが開くので、ふたを開けようとしない子、蛇口があるのに手をかざして水が出てくるのを待っている子もいます。

こういった日常生活でのやさしい配慮は、ご年配の方々にとってはとても便利なものでしょう。でも一方で、子どもたちの鍛える機会を奪ってしまうことに危惧を感じています。

幼児でもよく、ペットボトルのふたが開けられなくて、お母さんに「開けて」と言っていますよね。そんなとき、頑張ってふたを開けようとしている様子が見られたら、この遊びを始めるチャンスです。

Step 1 瓶のふたの開け閉めあそび

始める時期の目安▼1歳3カ月〜

作り方

とても単純な遊びです。カゴなどの入れものに、いろいろな種類の瓶とふたを入れておきます。ふたは外して、バラバラにしておきましょう。

遊び方

「はめる」で紹介した、タッパーのふたを合わせる遊びと同じ要領で、「この瓶にはどのふたが合うのかな?」と言いながら、まずはお母さんがふたを閉めて遊んでください。

同じカゴに瓶本体とふたを一緒に入れてもいいですが、2つカゴを用意し、片方に瓶、もう一方にふたを入れて、お母さんが瓶を1つ持ち、「この瓶に合うふたはどれかな?」と言って、離れたところにあるふたのカゴから、ぴったりのふたを選ばせる、という方法もおすすめです。

私の子どもが小さいころ、キッチンで家事をしているとそばに

寄ってくるので、子どもがキッチンに来たとき用のとっておきの箱を用意していました。中には瓶とそのふた、タッパーとそのふたをバラバラに入れてあります。それを渡すと、家事をしている私の足元で飽きずにずっと遊んでいました。

また、大きめのボルトとナットがあれば、それぞれ別の入れものに入れ、マッチングさせるのも面白いです（写真）。瓶とふたに比べると少し難しいので、遊べる年齢は2歳くらいからが目安です。

今、キッチンに子どもを入れないようにしているお母さんが増えていますね。実は私は、お母さんから直接お聞きするまでそんなことは知らなくて、びっくりした記憶があります。

幼稚園で教えていたころ、未就園児の教室をつくったときのことです。あるお母さんにこんな相談をされました。

「キッチンに柵をつくったら、子どもが柵の外で泣くんです。だからイライラしてしまって」

それは泣くでしょう。だって、お母さんがキッチンで家事をしているときに、子どもがそばに来たがるのは当たり前ですよね。

そこで、ここで紹介したように、お母さんの足元に瓶やタッパーを置いて遊ばせる方法や、おもちゃを置いておくことをお伝えしました。すると、「火が怖くて、キッチンには入れたくないんです」とおっしゃいます。

それが今の時代なんだなとつくづく思いました。乳幼児の家庭内の事故予防に注意を払うことは、もちろん大切です。オール電化でガスの火を見たことがない子や、ワンタッチで火がついてしまう器具もあります。安全第一、確かにその通りです。

キッチンに柵を置いてしまうことも、決してお母さんがラクをしようとしているとか、育児に手を抜いているわけではないこともわかります。おばあちゃんなど、子どもを見てくれる親以外の大人の目も少ない時代です。

同じ理由で、子どもをラックに入れてしまったり、ベビーサークルの中に入れたままにして、運動機能が発達しにくい子どもも増えています。今のお母さんは大変だなと思う一方で、子ども自身が伸ばしたがっている能力や興味を思いっきり伸ばしてあげてほしい。

今の時代、意識的に子どもが興味をもつ遊びや環境を与えてあげなければいけないと思うのです。

ねじる・回す遊び

ガチャガチャ
こんな動きが見られたら
このビンにあうフタはどれかな？
瓶のふたの開け閉めあそび
ビンが入ったカゴ
フタが入ったカゴ
ボルトとナットのマッチング

第12の箱 切る

ハサミを使える子は頭が良くなるなどと言われることがあるために、切り絵などに取り組むお母さんもいます。でも、いきなりそんな難しいことをしなくても大丈夫。子どもはとにかく、ものをはさんで切ることが楽しいのです。高度なワザは、単純に「切る」ことを十分楽しんでからにしましょう。

★こんな動きが見られたら

- ハサミでなんでも切ってしまう
- 洗濯バサミやトングが上手に扱えるようになったら

★なぜ興味を持つのか

- はさんで切る（空間認識能力）
- いろいろな材質、ものを切ることで切り方の違いを知る（触覚）

★遊びの目的

- 高度な手・指の使い方を覚える
- 腕と手指の筋力を鍛える
- 利き手、非利き手の分業
- 起点と終点の理解（切り始めと切り終わり）

ハサミが使えるようになると、お母さんとしては、何か形のあるものを切らせたくなってしまいますが、実は子どもがハサミを使うとき、刃を押すことはできても、なかなか引くことができない（刃を開くことができない）のです。

ですから、「ハサミ」は、まずは**単純な1回切り（パッチン切り）から始めてください。**はさんで切ることがとても楽しい時期は、これで大丈夫。

はさんでパッチンと切る、と単純な動きに見えますが、空間認識能力が必要です。いろいろな材質のものを切ることで、切り方の違いがわかるなど、触覚も刺激してくれます。

また、利き手が右手の場合、切るときは、紙を左手で持ち、右手でハサミを使って切りますね。このとき、ハサミで切りやすいように、左手で紙を動かすといったことも、無意識に行っています。つまり、利き手と非利き手の分業を行っているのです。そして切るときには、切り始めのスタート地点と、切り終わりのゴール地点を理解する必要もあり、たくさん頭を働かせる必要があります。

ハサミが頭を使う作業だということが、これだけでもわかると思います。

そして忘れてはならないのが、ハサミを使う前に、お母さんからしっかりと注意点を話してあげること。

・ものを切るための便利な道具だけれど、同時に危険なものであること。
・ハサミの刃を人に向けないこと。
・紙以外のものは切らないこと（ときどき遊びで髪の毛を切ってしまう子がいます）。
・ハサミを持ちながら歩き回ったり、走り回ったりしないこと。
・人に渡すときは、相手に刃を向けないこと。
などです。

Step 1 パッチン切り

始める時期の目安▼2歳〜

作り方

長さ15cm、幅1.5cmくらいの細い紙に、1.5cm間隔で線を引いたものを何枚か（子どもが切れるくらいの枚数）用意します。

幅を1.5cmにしているのは、まだハサミを扱い慣れていない子どもでも、1回でパッチンと切れるようにするためです。線は、子どもがわかりやすいように色えんぴつで引くといいでしょう。切ったものを入れる小さな袋も用意しておきましょう。

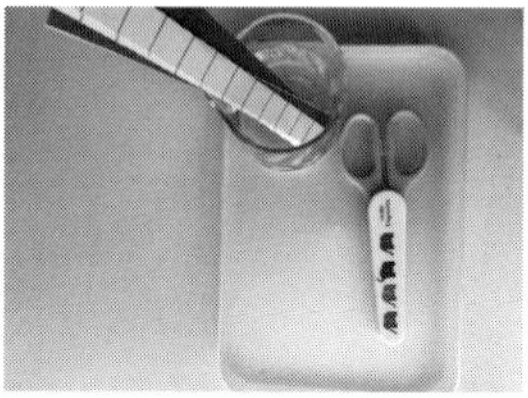

遊び方

まず、ハサミの使い方を伝えます。小さい穴に親指、大きい穴に3本指を入れます。「グー・パー・チョッキン」と言って、一緒に手を添えて切り方を教えてあげましょう。1.5〜2cm間隔の線に沿ってパッチンパッチンと何度も切っていきます。

子どもは、このように線を引いてあげるほうが面白いようです。お母さんからすると、ただ直線を切っているだけで、つまらないのではと思いがちですが、子どもは、**ただただハサミを使うのが面白い**ので、満足いくまで何枚でも集中して切っていくことでしょう。やっていくうちにどんどん上手になっていきますよ。形のあるものを切ったり、完成品をつくるのが面白くなるのは、もっと先のこと。とにかく簡単にできる遊びなので、毎日パッチン、パッチンと続けてみてください。**「できた！」「やった！」という成功体験を繰り返すことで、自己肯定感も高まります。**

切ってたまった正方形の細かい紙は、小さな袋に自分でつまんで入れさせます。この小さな袋に入れる作業も〝つまんで入れる〟という興味深い活動なのです。

Step 2 パチパチ切り

始める時期の目安▼2歳～

作り方

Step1の紙の幅を倍の3cmにした紙を用意します。長さ15cm、幅3cmくらいの細い紙に、1・5cm間隔で線を引いたものを何枚か用意します。

遊び方

幅が3cmになったことによって、「パッチン、パッチン」とハサミを2回動かす必要があります。すでにお話ししたように、ハサミは刃を押すよりも刃を開くほうが難しいので、必ずStep1を繰り返して、ハサミが上手になってからにしてください。

パッチンパッチンの2回切りができるようになると、**もっと難しい線を切りたくなります**。

以下に紹介するのは、だんだんレベルアップしてきたら挑戦してみてほしいもの。難度が低いものから順番に紹介していきます。

Step 3　バラエティ切り

始める時期の目安▼2歳半〜

作り方

いろいろな大きさの紙（折り紙くらいの大きさまでがいいでしょう）を用意して、以下のようにわかりやすく線を引きます。

遊び方

・**折れ線切り①**

紙の鈍角の線、鋭角の線を引きます。その線に沿って切りましょう。角度が大きい鈍角折れ線切り（写真右）から始め、慣れてきたら鋭角を切ります。ただの直線ではなくなる分、少し難易度が上がります。ハサミを入れやすい方向にするために、紙を持つほうの手を動かすなどの工夫が必要になります。

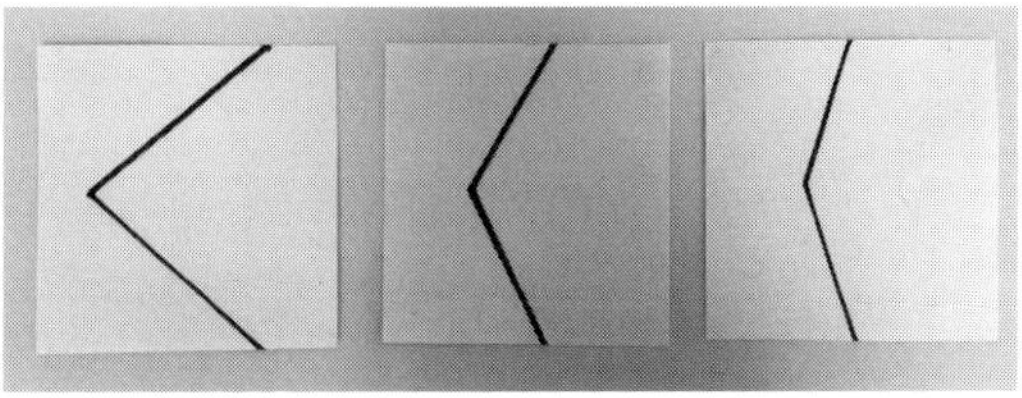

・折れ折れ線切り

ぎざぎざの線、連続した線、折れ曲がった線を引き、それに沿って切ります。さらに紙を持つ手を調整しながら動かしてハサミを入れる必要があります。

・曲線切り

丸みのある線、楕円のような線など、曲線を引いた紙を切ります。直線よりも曲線のほうが、より両手の調整が必要になり、集中力も養います。

・止め切り

折り紙くらいの大きさの紙に、途中まで引いた直線を3本書きます。直線なので、線に沿って切るのは簡単ですが、指定されたところで「止める」のがポイント。

このあと、形のあるものを切るときに、この「止める」ことができ

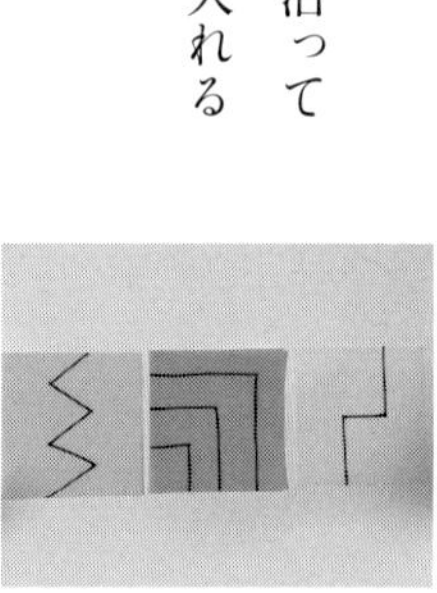

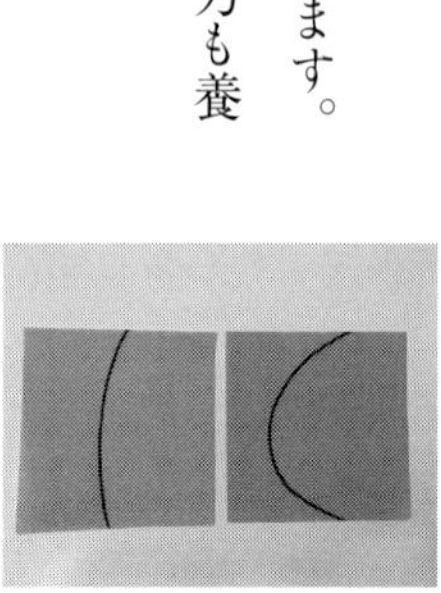

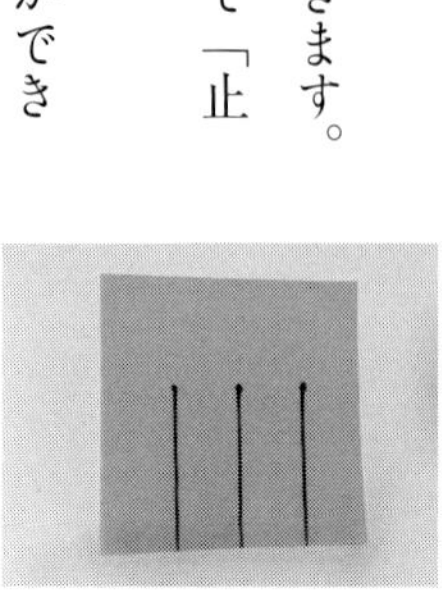

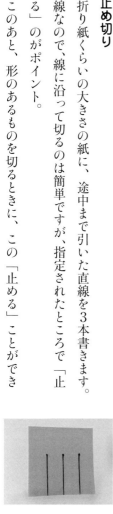

るかどうかがコツになるので、何度もやってみましょう。

・りんかく切り

ここまでくると、いよいよ形のあるものも切りたくなってくるようです。

四角いうずまきのような形に切ると、切り終わったあとにびよーんとヘビのように伸びて楽しいようです。広告紙を丸めて棒にして、切った紙を貼り付けてふりまわしながら走って遊んでいる子もいます。

うずまきのあとは、ハート形や星形などの形が切りやすいようです。満足するまで何度も何度も切る子も多いです。できるようになると、もっと複雑なものを切りたくなります。

折り紙を半分に折って、もう一度折って正方形をつくり、好きなように切って開くと、複雑な模様ができます。

切る素材は、最初は紙からスタートしますが、上手に切れるようになったら、ひも、毛糸、糸、生花、セロハンテープ、粘土、布など材質が違うものも試してみましょう。

切る遊び

パッチン
切り

パチパチ
切り

バラエティ
切り

第13の箱　貼る

子どもってどうして家の中で場所を選ばずにシールを貼りたがるのでしょうね。もしシールの遊びに興味を持ち始めたら、そのときを見逃さず、楽しい「貼る」遊びをさせてあげましょう。ものをのりで貼る感触が、子どもはとても楽しいようです。いろいろな色や形で試してみましょう。

★こんな動きが見られたら

- どこでもシールを貼っている
- マジックテープをつけたりはがしたりする
- 磁石をつけたり外したりする

★なぜ興味を持つのか

- 形を見分ける（空間認識能力）
- 一致させることが面白い（マッチング）
- のりの感触
- くっつけることが面白い

★遊びの目的

- 腕と手指の筋力を鍛える
- 集中力を養う
- 触覚による経験（のりの感触）
- 表裏の理解
- 色、形、大きさの理解

シールをつけたりはがしたり、こんな何気ない動きのなかでも、子どもの頭はフル回転しています。まず、色や形、大きさを見分けて理解していなければ「貼る」ことはできません。また、どちらが貼る面なのか、表と裏についても理解していることが必要です。

小さな赤ちゃんもハマるのが「マジックテープ（面ファスナー）」です。

私がコンサルティングをしている保育園での出来事です。入園したばかりの7カ月の赤ちゃんがいました。最初の1カ月はお母さんと離れるのがいやで、ずっと泣いていたのです。どんなおもちゃを与えても自分から遊ぼうとはしません。そこで、私がペットボトルのふたにマジックテープをつけたおもちゃで遊んでみせました。

ピリピリッと赤ちゃんの目の前で何度もはがしてみせたら……。どうでしょう、ピタッと泣き止んだのです。

しばらく続けていたら、手が伸びてきて、「自分もやる」と言わんばかりに、ペットボトルを握りました。それも、手が白くなるくらい強く握って、夢中になって遊び始めたのです。

その日1日、泣くこともなく穏やかに過ごすことができました。

大人はどうしても、「赤ちゃんだから、まだ何もできない」と思いがちですよね。母親でさえそう思ってしまいます。いいえ、母親だからこそ、「この子はまだ小さいから何もできない」と思ってしまうのかもしれません。でもできないと思うからできなくなるのです。

7カ月の赤ちゃんだから、何もできないなんて、とんでもない！　与えてみるとわかりますが、赤ちゃんでもつけたりはがしたり、夢中で遊びます。

子どもって、それが自分の〝旬〟の遊びだったら、絶対にやりたいものです。そしてそのときこそ、子どもの能力が無限に伸びるときなのです。

折り紙貼り

始める時期の目安▼2歳〜

作り方

12cm四方くらいの紙と、赤い折り紙を直径3cmくらいの円の形に切ったものを何枚か用意します。最初は、貼り付けるほうの紙の形は、四角よりも丸のほうが貼りやすいようです。また、「赤」などはっきりした色のほうがわかりやすいでしょう。

そのほか、のりを水で少しといてやわらかくしたものを、浅い入れもの（小さなジャムの瓶などでOK）に入れておきます。チュー

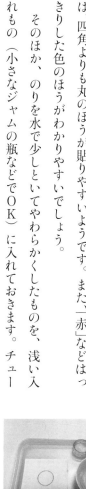

ブタイプののりだと使いにくく、手がベタベタしてしまいます。また、深い入れものだと指を突っ込んでしまう可能性があるためです。

のりを塗るための筆も筆立てに立てておきましょう。手ではなく、筆でのりを塗るのは、のちのち鉛筆を使うのに慣れておく意味もありますが、単純に、筆を使って塗るほうが子どもが面白がるからです。これで準備OKです。

遊び方

四角い紙に、赤くて丸い円の紙を貼っていきます。四角い紙に描いてある丸い円の枠内に、筆にのりをつけて貼りましょう。最初はお母さんがやってみせてあげてください。

赤い色の紙だけでなく、いろいろな色の紙を使って、自由に貼っていきましょう。楽しい模様ができるかもしれません。

もちろん、市販の丸いシールを使って、紙に貼らせるだけでも楽しいです、飽きるまで続けさせてあげてください。

先にお話ししたマジックテープの遊びに夢中になった赤ちゃんも、最初は私がつけたりはがしたりするところをやってみせるのを、じーっと見ているだけでした。

実は、ただぼーっと見ているわけではありません。そのとき、赤ちゃんの頭の中で何が起こっていたかというと、「こうやったら自分にもできるかもしれない」とシミュレーションしています。子どもの頭のなかで、自分がやるところをイメージしているわけです。**何度も何度もイメージして、「できる！」となったときに、子どもの手が伸びるのです。**

そのときこそが、やる気スイッチが入ったとき。だからこそ、子どもが自分から手を伸ばすまでは、絶対にやらせてはいけません。「ほら、楽しいよ、やってごらん」なんて声をかけたくなる気持ちはわかりますが、それができるかどうかは、子ども自身がいちばんわかっています。

子ども自身が「できる！」と思うまで、待つことが大切です。「待つ」ということは、親にとって我慢が必要ですし、とてもつらいことです。でも子育てにおいては、待つことは本当に大切なのです。

子どもがもっと大きくなって、勉強をさせたいときもそうです。つい「勉強しなさい」と言ってしまうものですが、そこをぐっとこらえて、親の姿を見せる。たとえばリビングでお母さん自身が資格試験の勉強をするなど、勉強している姿を見せます。そして子どもがやる気になるまで待つのです。

わが家でも自然にそういう状態になっていました。リビングで夫と私、息子と娘、家族5人が無心でそれぞれの勉強をやっているときがありました。しーんとしてそれぞれが集中しています。「勉強の時間」を無理につくるのではなくて、そういう空間に自然に持っていく――それは、赤ちゃんの時期から始まっているのですね。

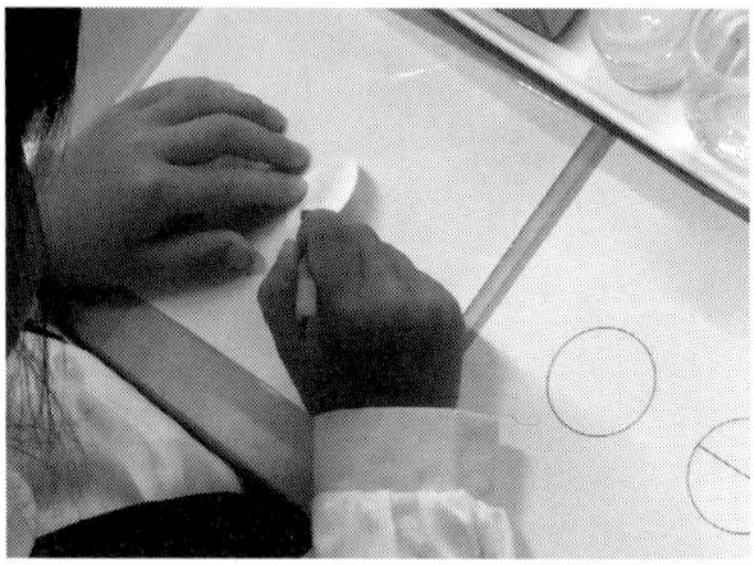

貼る遊び
こんな動きが
見られたら
折り紙貼り
市販の丸い
シールでもOK
のり
ペタ
ペタ
ペタ
のりは筆でぬる方が
うける
12cmくらい
のり
3cmくらい
はじめは
丸い形がはりやすい
白い紙のまん中に
あかなどのはっきりした色を
はっていく
丸い形が
はれるようになったら
いろいろな形に挑戦

第14の箱 拭く・絞る

小さいときから手を洗ったらタオルで拭く、お風呂のあとに体を拭くなど、「拭く」経験はかなり積んでいるはず。コップの水をこぼしてしまうなど、お母さんにとって「失敗」に見えるときこそ、子どもに教えるチャンスです。楽しみながら、自分のことは自分でできる子にしていきましょう。

★こんな動きが見られたら

- こぼれた水を手で払っている
- こぼれた水をぞうきんで拭く
- ハイハイしながらぞうきんで拭く
- 手を洗ったあとに手を拭く
- 顔を拭く
- 濡れたスポンジを絞る

★なぜ興味を持つのか

- ぞうきんですべらせるのが面白い（触覚）
- 水を吸収するのが面白い
- 手や腕を動かしたい

★遊びの目的

- 結果を予測する力をつける
- 腕と手指の筋力を鍛える

プロローグで、私が初めてモンテッソーリ教育をしている幼稚園を見学したとき、花瓶の水をこぼした子どもへの対応に、目からウロコが落ちたという話をしました。

子どもがコップの水をこぼしてしまった――小さいときは日常茶飯事ですね。こんなときこそ、子どもに自分で対応、処理することを教えるチャンスです。

たとえば忙しい朝に子どもが水を床にこぼしてしまったら？　お母さんからしたら、「もう、こんなときに！」と怒ってしまいたくなるかもしれません。でもそこをぐっとこらえて、子どもに対処法を教えれば、次にこぼしたときに、子どもは自分で処理できるようになります。**結果的にお母さんがラクになる**のです。

子どもだって、こぼしたくてこぼしたわけではありませんよね。どうせ拭かなくてはならないのなら、子どもに教えながら拭いてしまったほうがいい。すべてに言えることですが、**子育ては遠回りのように見えることがいちばん近道になったりする**のです。

次に紹介するのは、今まで紹介してきた「遊び」とは少し意味合いが違います。あえて、「拭く」を教えるためにこぼす必要はなく、何かをこぼしてしまったら教えるチャンスととらえて、チャンスが来たらやってみてください。

Step 1 こぼれた水をスポンジで拭く 始める時期の目安▼1歳〜

子どもの手に収まるくらいの大きさのスポンジを用意しておきます。

水をこぼしてしまったら、スポンジの場所まで一緒に取りに行き、お母さんと一緒に拭きましょう。なぜ最初の段階でスポンジを使うかというと、力を入れなくても水を吸収してくれるからです。水の上でスポンジを滑らせたり、**手や腕を動かして拭くということ自体、子どもにとっては楽しい遊びの延長なのです。**

スポンジに水を吸収させたら、絞ることを教えます。スポンジは子どもが握りやすいサイズであることがポイントです。絞るといっても、スポンジなので、ぎゅっと握れば十分です。**スポンジをぎゅーっと絞ると、水がポタポタ落ちる、子どもはこれが楽しい**ようです。絞ること自体、とても喜ぶので、遊びで行うときはボウルにお水を入れて、絞って遊ばせてあげてもいいでしょう。

Step 2 ぞうきんで床を拭く 始める時期の目安▼1歳〜

次の段階で、ぞうきんを使ってみましょう。ぞうきんの場所を教えつつ一緒に取りに行きます。

拭くときは、じわーっとぞうきんに水がしみ込んでいく様子を見せながら拭くのがコツです。「おもしろいね、しみこんだね」などと声をかけながらやるといいでしょう。

大人にとっては単なる処理でも、子どもにとっては不思議なことがつまった遊びです。拭き残しがあったら、「ここがまだ濡れているよ」と教えて、子どもに拭かせます。

そのあと、バケツに入れて絞り、バケツの水を捨てるのも一緒に行います。ぞうきん絞りは、最初はお母さんがゆっくり見せてあげてください。教えてあげないと、子どもはぐしゃっとつぶすように絞ってしまいます。

ぞうきんや台拭きは、子どもの手の大きさに合わせたものにします。だいたい普通のタオルの8分の1くらいの大きさでしょうか。

最初は面倒かもしれませんが、ここで一緒に最初から最後までやっておくと、次にこぼしたときは自分からぞうきんを取りに行くようになりますよ。

何もしなければ、「ママ、ぞうきんどこ？」からスタートしなければなりません。

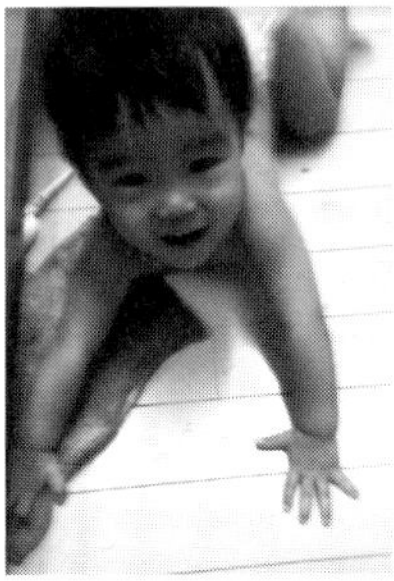

「自分がこぼしたんだから、自分で拭きなさい」と言っても、**子どもは「やらされること」「言われてやること」はいやなのです**。自分から動く子にしたければ、ぜひここは手を抜かないでやってみてください。

ここまでできるようになったら、最終ステップはお手伝いです。ごはんの前に、台拭きでテーブルを拭くお願いをしてみましょう。

水をテーブルなどにこぼしたとき、こぼした水を手でのばして遊んでしまう子もいます。こぼした上に、水をのばすなんて、お母さんからしてみたら、拭くのが大変になるだけの「困った行動」に見えます。

そんなときは**「びちゃびちゃおもしろかったね」とまず共感することが大切です**。そのあとで、説明したようにぞうきんの場所と拭き方を教えてあげましょう。

「自分のことは自分でやる子にしたいんです」というお母さんはたくさんいます。でも、実際は、その言葉と裏腹にお母さんがやってあげてしまうケースが多いようです。

たとえば子どもが牛乳をこぼしたとき、「自分で拭いて」と言っても、子どもがなかなか拭かない。結局待ちきれないお母さんが拭いてあげています。

私がいた幼稚園では、あえて小さい花瓶に花を生け、テーブルに置いていました。必ず子どもが花瓶を倒し、水をこぼす機会があるからです。わざとチャンスを与えていたのですね。実際、子どもがこぼしたとき、バケツとぞうきんの場所を教え、乾いたぞうきんで拭くことを教えていました。**いちばん最初に一緒にやることが肝心なのです。**

あるお母さんは、子どもがスープをこぼしてしまったとき、ティッシュペーパーをたくさん持ってきて拭こうとしたのに怒ってしまったそうです。

「もったいないじゃない！　タオルかぞうきん持ってきて！」と。

大人からすれば、たしかに、スープをティッシュペーパーだけで拭き取るのは大変ですし、何枚も必要になるのでもったいないのはわかります。でも、少なくとも子どもは、そうやって対処しようとした、というところをまずほめてあげてほしいと思います。

子どもからすれば、「こぼしちゃった、何かで拭かなくちゃ」と自分で判断してティッシュペーパーを持ってきました。しかも、「このくらい必要かも」と考えて、ある枚数を取って持ってきたのです。それってすごいことなのですよ。

まず、拭くという行動をしたこと自体を「拭いてくれたの」「ありがとう」と言ってほめましょう。そして、処理が終わって落ち着いてからでいいので、

「でもね、実はティッシュだときちんと拭けないし、お金もかかるから、今度からぞうきんかタオルで拭いてね」

と言って、具体的にぞうきんやタオルがある場所を教えてあげるといいでしょう。

ティッシュで拭きとるのは簡単ですが、〝ぞうきんを絞る〟ということは手首を左右逆に力を入れて回すという高度な技術が必要です。これをあえて経験させることが大事なのです。


私の輝きベビースクールに参加しているお母さんから聞いた話です。

お子さんは2歳7カ月の男の子。まだトイレトレーニングの最中で、あるとき床におもらしをしてしまったそうです。お母さんがぞうきんで拭いていたら、ピューッとどこかに行ってしまいました。どうしたのかと思っていると、なんとぞうきんを持ってきて一緒に拭いてくれたそうです。

しかも、拭いたぞうきんを洗濯機に入れるところまで自分でやったといいます。お母さ

んはとても感動していました。自分のおもらしの処理をする2歳の男の子、かわいいですね。普段からぞうきんの場所を教えておくと、こんなこともできるようになるのです。

では、「拭いてね」と言っても拭かない子にはどうしたらいいのでしょうか。

「水をこぼしても、自分から拭こうとせず、私が拭くのを待っているんです」とお母さんから相談を受けました。「どうしたらいいと思う？」と子どもに聞いても、「わからない」と言うのだそうです。

こういうときはまず「きっと面倒くさいのね」と共感します。でも、こぼしたのは本人です。自分がこぼしたものは自分で片づける責任があるので、「何かお母さんに手伝えることはある？」と聞きます。つまり、あくまでも片づけるのはあなた（子ども）、ということを伝えるのです。

おそらく、このお母さんの場合は、普段から全部お世話をしてしまっているので、子どものほうも「結局お母さんがやってくれる、拭いてくれて当然」だと思っています。ですから、こぼして拭いてほしいときではなく、**普段なんでもない穏やかなときに言い聞かせておく**のもとても大切です。

「○○君が自分で後始末をするんだよ。もう○歳だからできるよね。やり方も知っているよね」と。

「お母さんがなんでもやってあげてしまうと、お仕事が増えて大変なんだ」ということも伝え、「○○君がやってくれたら、お母さんすごく助かるの」と刷り込むように何度も話します。

そのうえで、いざこぼしたときには絶対に何も言わないことです。子どもとお母さんの根比べですね。

とにかくお母さんが主導権を握ることが大事なのですが、あまり頑《かたく》なに考える必要はありません。**お母さん自身が心地よいようにすることのほうがずっと大切です。**「子どもが拭くまで待つくらいなら、私がやってもいい」と思うなら、そうしてもいいのです。絶対こうでなければならない、と思うと苦しくなってしまいますからね。

お母さん自身の中で、譲れる部分と譲れない部分があると思います。そこだけ見極めることができていれば大丈夫です。

拭く・絞る遊び

こんな動きが見られたら
こぼれた水をスポンジで拭く
ありがとう 助かるわ
じわ〜っとしみこむよ
手に収まる大きさ
ぞうきんで床を拭く
ピカピカだよ
子どもの手にあわせて
ふつうのタオルを1/8に切る
しぼり方

第15の箱 折る

折るというと、すぐに思い浮かべるのは折り紙かもしれません。でも子どもは、折り紙以外にも、洋服をたたむのが大好きです。角と角を合わせたり、単純な動きを繰り返してものが小さくなっていく――そんな遊びのなかで、日常生活のお手伝いにつながったら、ママもうれしいし、ラクですよ。

★こんな動きが見られたら
- 脱いだ洋服をたたむ
- 紙を折る
- タオルを折りたたむ

★なぜ興味を持つのか
- 角と角を合わせる（マッチング）
- 折ることで形が変化する
- 単純な動きの繰り返しを楽しむ

★遊びの目的
- 空間認識能力を養う
- 両手を同時に使うことを覚える

・タオルを折る　12カ月〜
・洋服をたたむ　18カ月〜
・布折り　18カ月〜
・紙折り　18カ月〜

＊基本は三角折りを繰り返し行い、マスターすることが大事です。

「折る」ことはとても高度な難しい行為だと思われがちですが、実は違います。

生後6カ月〜6歳前後ごろまでは、モンテッソーリ教育でいうところの「秩序の敏感期」。プロローグでも少しお話ししましたが、この時期は一致させることが気持ちがいい、**形がピッタリ合うのが気持ちいいと思う時期で、2、3歳でピークを迎えます。**

子どもはもともと数学的な頭脳を持っているといわれています。たとえばこの形にピッタリ合うとか、この形どおりに納めるなど、頭を整理しながらロジカルな考え方をするように、もともとプログラミングされているといわれているのです。

ですから、日常生活のなかでも、ものが整理整頓されているほうが安心しますし、教えてもらえれば、整理整頓したくなるようにできています。「子どもは整理整頓できない」「子どもは散らかすものだ」と思いがちですし、世の中のお母さんの大半は、「子どもは片づけられない」と思っていますよね。

本当は整理整頓を好むものであり、整理整頓したくなる環境を与えてあげれば、ちゃんとできるものなのです。

子どもがもともともっている数学的な頭脳、ロジカルな考え方を刺激する意味でも、日常生活のなかでたくさん「折る」ことをさせてあげましょう。空間認識能力を養うことにもつながり、数学の図形の問題が好きになるかもしれませんよ。

Step 1 タオルやハンカチの半分折り 始める時期の目安▼1歳～

四角いタオルやハンカチを何枚か用意して、まずは半分に折ることから始めます。

洗濯物をたたむときでもいいです。洗濯物の山のなかから、四角いものだけ選んで、「これだけ半分にたたんでね」と言って、何でも子どもに半分にたたませるようにするといいかもしれませんね。

慣れてきたら、洗濯物の山のなかから、宝物探しのように、タオルやハンカチなど自分がたためるものを探す「たためるもの探し」からやるのも楽しいです。

できればいろいろな素材の布を用意して、触覚も刺激してあげましょう。

Step 2 洋服をたたむ 始める時期の目安▼1歳半～

これができれば、ダイレクトにお手伝いにつながります。洗濯物をたたむときに、お子さんも一緒にたたんでもらいます。

子どもは洋服たたみが大好きです。たたみ方を教えてあげると、手アイロンでピーッと楽しそうにのばしてたたんでくれます。

まず「今日から自分でたたむんだよ。お兄ちゃん（お姉ちゃん）だからね」と言って、お母さんが先にたたんで見せてあげてください。長袖のトップスの場合はこんなふうにしてみましょう。

❶「お母さんがやってみるよ」と言って、机の上に服を置きます。
❷「アイロンをかけようね」と言って、袖に手アイロンをかけてのばします。
❸「きれいになったね。次は袖をたたむよ」と右手で押さえて左手で袖をたたみます。
❹次に身ごろを折ります。「半分に折るよ」と言って半分に折り、「もう1回半分に折るよ」と言って身ごろをたたんで、「はいできた！」。

Tシャツの場合はもっと簡単に、袖をたたんで、1回半分折るだけでいいでしょう。洗濯物の山のなかから「自分のものだけ選んでたたんでみよう」と言ったり、きょうだいがいれば、それぞれに「自分のものをたたんでね」と言ったりするのもいいでしょう。楽しく遊んでいる感覚で、お母さんはお子さんがたたんでくれる分、たたむものが減る、というメリットもあります。

さらにいえば、子どもの洋服専用のカゴなどを用意して、しまうところまでやらせると、子どもは喜びます。なぜなら、先ほど説明した「秩序の敏感期」で、**洋服を入れるカゴにピッタリ合うようにたたみたい、という欲求がある**からです。**同じものが同じところにあることも大切なので、「自分の服はいつもこのカゴに入っている」ことがわかると、子どもは安心します。**たたんだ大きさにピッタリはまるようなカゴがあるとベストです。

「たたんだらこのカゴに入れてね」「ピッタリ合ったね」などと声をかけてあげましょう。

Step 3 紙折り（三角折り）

始める時期の目安▼1歳半～

いよいよ紙を折ってみます。折り紙（広告紙でもOK）を4分の1の大きさに切った正方形の紙をたくさん用意しましょう。

最初から難しい折り紙をやらせようとせず、基本は三角折りを繰り返し行い、マスターすることが大切です。大人は、繰り返し同じことを続けると飽きてしまうのではないかと思いがちですが、**子どもは単純な動きの繰り返しを楽しみます。**飽きたかどうかは子どもが決めるのです。**存分に味わい、楽しみ尽くし、満足したら、次の**

高度なものに移る、というのが遊びの基本です。

最初になぜ三角折りなのかというと、合わせる角（頂点）が1点だけだからです。四角だと、角を2点合わせなくてはならず、子どもにとっては難しいものです。

まずお母さんが三角に折って見せます。

❶お山のてっぺんをピッタリ合わせるところをゆっくりと見せます。「ここところのてっぺんを合わせるよ」と言いながら、上の角をピッタリ合わせます。**「ピッタリ！」と言って、一カ所をきちんと合わせるところを見せましょう。**

❷上の角を左手で押さえたまま、右手人さし指をまっすぐ下にスライドして下ろします。

❸「右と左にアイロンをかけるよ」と言って、右手人さし指を右端、左端へとスライドさせて、折り目をきちんとつけます。

角を合わせること、真下にのばして下ろすこと、左右にのばして折り目をつけること。「三角折り」には、折り紙の基本がすべて入っています。

やってもやらなくても、見せ続けることが大事です。三角をたくさん折れたら、三角に折った紙をつなげて遊んでも楽しいです。三角折りが本当に上手にぴったり折れるようになるのは、3歳くらいなので、小さいうちは焦らなくても大丈夫です。

三角折りができるようになったら、四角い半分折り、三つ折りなどとどんどん高度な折り方を楽しめるようになります。

ただし、子どもが折り紙を楽しんでいるとき、大切なのは、大人が手を出さないことです。つまり、「やってあげないこと」が大事なのです。

子どもと折り紙をしているお母さんのなかには、折ってあげてしまう人も多いのではないでしょうか。なかには、いつの間にかお母さんが夢中になってしまって、「できた！」と、子どもも何となく完成した気になってしまっているパターン、よくありますよね。やってあげたことに大人が満足しているだけで、子どもは全然うれしくありません。だって、自分でやりたいのですから。

大人が折ってあげてしまうと、もし次に子どもが同じものを折ろうとしたとしても、自分ではできません。そうすると、たちまちつまらなくなってしまって、やる気が失われます。子どもも、できないと自己嫌悪になるものなのです。

子どもが「折りたい、つくりたい！」という気持ちを大切にしてあげてください。そのためにも、子どもが今できる簡単なものを教えてあげましょう。

折る遊び

こんな動きが見られたら
タオルやハンカチの半分折り
なんでもニツ折り
洋服をたたむ
できあがり
手でアイロンしてしわをのばす
ピッタリだね
人さし指をお山のてっぺんから
下へ
左右にアイロン
紙折り（三角折り）

難しいものにあえて挑戦させないことが大切です。

紙の三つ編み

作り方&遊び方

長さ50cm、幅1・5cmの長細い紙を3本用意します。三つ編みにするので、わかりやすいように紙の色はそれぞれ赤、青、黄色などにします。

❶赤い紙に垂直に青、黄色の紙をのり付けして10秒待ちます。

❷2本のびている青と黄色の紙のうち、外側（ここでは黄色とします）の黄色の紙を内側に直角に折ります。

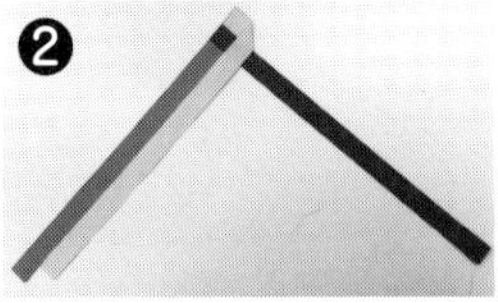

❸次にまっすぐのびている赤い紙を内側に直角に折ります。次に青い紙を内側に直角に折ります。これを繰り返して、紙で三つ編みを編んでいきましょう。

反復や繰り返しを好む子どもは、ハマる子がたくさんいます。数学的頭脳も必要ですし、頭も使うので、夢中になります。

三つ編みなんて女の子がするもの、と思わないでください。男の子はこういった法則性のあるものが好きです。布で三つ編みをして、ロープを作った子もいるくらいです。

難しいので、子どものレベルに合わせて教えてあげてください。

第16の箱

洗う

保育園では、まだ歩けるか歩けないかの赤ちゃんでも、手を洗うことを習慣として覚えます。しつけとして教えることも大切ですが、手を洗うことを楽しめれば、子どもたちは喜んで洗います。日常生活のなかで「洗う」機会を増やせば、衛生面で安心なだけでなく、お手伝いにもつながりますね。

★こんな動きが見られたら

- いつまでも手を洗っている
- ハンカチやタオルを洗う

★なぜ興味を持つのか

- 水の流れ、水道の蛇口の開閉
- こすって洗う
- 水の感触が面白い
- 泡が立つのが面白い

★遊びの目的

- 手・指・上腕の筋力を鍛える
- 新たな動きが新たな脳の神経回路を育む
- 左右の手の分業を練習する

モンテッソーリ教育の保育園では、まだよちよち歩きの赤ちゃんでも水道の蛇口をひねって手の洗い方を教えます。

1本ずつ指を握って、くるくる回すように洗います。私が実習に行き、初めて手を洗わせているところを見たとき、「なんでこんなに面倒な洗い方をするのだろう」と思いました。でも、見ていくうちに、子どもがこうして洗うのが好きなんだということがわかりました。だって、楽しそうにずっとくるくる洗っているのです。

大人は清潔にするためとか、菌を落とすためとか、そんな理由で手洗いをしますね。でも子どもは違います。目的などなくて、**泡を立てて、つるつるして、その動き自体が楽しいようです。そして、満足するまで洗っています。**

水道の蛇口をねじる楽しさから始まって、水の流れ、ふわふわの泡、つるつるすべる指、こすって洗う感触、そんなことすべてが楽しいのですね。

ここではいろいろな「洗う」の時期の目安を紹介します。日常生活の延長としてやってみてください。

・手を洗う　1歳～

・食器を洗う　1歳8カ月～

・ハンカチやタオルを洗う　2歳～

ものを洗うのも、「汚れたものを落とす」という感覚よりも、泡を立てて洗うのが面白いのでしょう。キッチンでコップを洗ったり、お風呂のなかでスポンジで洗ったり、お手伝いに発展していくといいですね。

洗い方にも個性があります。幼稚園では絵の具のパレットを洗うときに、スポンジで洗わせていましたが、マスのはじっこまできれいに洗う子もいれば、ざっと洗うだけの子もいました。

Hちゃんは、パレットを洗うのにいつも時間がかかる女の子。洋服もきっちりたたみますが、支度に時間がかかります。年中まではしょっちゅう先生に「早く、早く」と言われていました。

ところがあるとき、先生がパレットをすみずみまで本当にきれいに洗っているのを見て、わかったのです。「この子はなんでも丁寧にやりたい子なんだ」と。

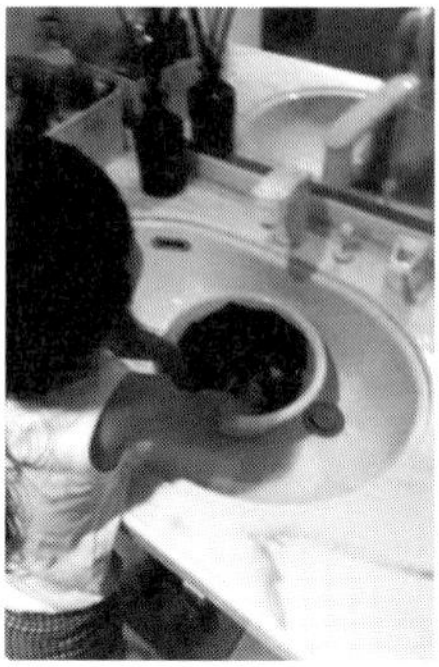

Hちゃんは幼稚園での朝の身支度もいつも遅かったのですが、それ以来、先生は「早く」とは言わずに、「いいよ、ゆっくり自分の気が済むまでやってね。終わったらお部屋に入って来てね」と言うようにしました。そう言われたときのHちゃんの顔は、とても満足そうでした。丁寧に服をたたんで、満足してゆっくり教室に入ってきたそうです。

そんなことを1、2カ月続けたところ、ある朝Hちゃんが「先生、時計の針が6になったら集まるんだよね」と言って、時計を見て支度をするようになりました。それからというもの、朝の身支度が間に合うようになったのです。

どういうことかというと、Hちゃんは**とことん満足するまで丁寧に支度をさせてもらえたことで、「私はみんなと一緒にできていなかった」ことに気がつき、自分で時計を見ながら早く行動しようと努力できるようになった**のです。

「洗う」から話が飛躍してしまいましたが、「何をやるのも遅い子」⇒「丁寧な子」と見方を変えただけで、子ども自身が変わった好例でした。

ひたすら待ち続けた先生も素晴らしいです。わが子にはなかなかできないことかもしれませんが、お母さん自身がその子をどう見るか、ということはとても大切です。**「絶対に大丈夫」と信じれば、子どもは本当に「信じられる子」に変わっていきます。**

洗う遊び

手を洗う

食器を洗う

ハンカチやタオル
を洗う

第17の箱　巻く

日常生活で子どもがまずやることがない動作が「巻く」ではないでしょうか。モンテッソーリ教育のなかには、小さなじゅうたんのような教具があり、「巻く」ことを楽しんでいる子どもがたくさんいます。手首を上手に動かしてくるくる……家にあるものでも十分できますよ。

★こんな動きが見られたら

- ハンカチやタオルを巻く

★なぜ興味を持つのか

- 端から丸まっていくのが面白い
（空間認識力・図形）

★遊びの目的

- 手・指・上腕の筋力を鍛える
- 新たな動きが新たな脳の神経回路を育む
- 左右の手の分業を練習する

「巻く」の動作を分析してみましょう。手首を動かして左右の手を交互に使いながら動かさなければなりません。意外に高度なのです。

子どもにとっては今までにない動きなので、手や指、上腕の筋肉を鍛えることはもちろん、新たな脳の神経回路を育むことにつながります。

子どもにとって、このように自分の思うように手や手首が動くことがうれしくてたまらないのです。

特別に何かを用意しなくても、家にあるもので「巻く」遊びはできます。いろいろな「巻く」の時期の目安を紹介します。

・タオルを巻く　1歳半～
・毛糸巻き　1歳8カ月～
・リボン巻き　1歳8カ月～

タオルは普通のフェイスタオルでOKです。お母さんと小さなタオルを一緒に丸めて、お手拭きタオルをつくるのもいいですね。

巻く遊び
こんな動きが
見られたら
タオルを
巻く
おしぼり
クル
クル
マットや
じゅうたんを巻く
クル
クル
毛糸巻き・
リボン巻き
ラップのしんや
リボンにも挑戦

「半分に折ってくるくるしてね」と声をかけて一緒にやりましょう。最初はまっすぐに巻けず、曲がってしまうかもしれませんが大丈夫です。ゆっくりゆっくり巻いていきましょう。**繰り返すうちに、指先の動きも洗練されていき、独立心・集中力を養います。**

タオルなどある程度太さのあるものを「巻く」ことを十分に楽しんだら、今度は細いものも巻いてみましょう。

毛糸は、どこの面を使ってもくるくる巻けるので、比較的巻きやすいでしょう。トイレットペーパーの芯や、食品用ラップの芯などに巻きつけるのもいいですね。普通の糸巻きでもいいでしょう。

毛糸より太いのに、ちょっと高度なのがリボン巻きです。なぜかというと、毛糸と違って、巻く面が決まっているからです。適当に巻いてしまうと、リボンが折れたり、しわになってしまいます。面を合わせて巻くので、少し神経を使わなければなりません。

今は日常生活に「巻く」動作があまりないのが、心配です。ラグやマットをしまうときがあれば、「片づけのお手伝いしてね」と言って、子どもにやらせてみるのもいいですね。

第2部

親子で楽しい！うまくいく！
上手に遊ぶ実践のコツ

子どもの手が伸びるまで待つことが大事

第2部では、ご紹介した道具をつかって遊ぶコツや、知っておいてほしいルールを紹介していきます。

前にも述べましたが、「自分から何でもやる子に育てたい」と言いながら、なんでもやってあげるお母さんが多いようです。

幼稚園にいたころ、お母さんが年々心配性になっていくのを感じていました。入園するときも「うちの子、まだおむつが取れないんですけど大丈夫でしょうか」とか「ちゃんとイスに座れるでしょうか」とか、心配の声をたくさん聞いてきました。

なかには、入園したときに子どもと一緒に泣いているお母さんもいました。子どもと離れたくないのです。「お母さんはもう帰っていいですよ」と言っても、門の外から見ていたりします。

要するに、お母さんのほうに自信がないのです。

でも、子どもはお母さんが思うほど何もできない存在ではありません。

お母さんが「まだこの子にはできない」と思ってしまうと、本当に何もできない、自信のない子になってしまいます。

遊び方のところでも説明しましたが、**子ども自身にやりたいおもちゃを選ばせてください。**

決してお母さんのほうからやらせようとしないことです。つい、おもちゃを手に取らせたいあまりに、「見て、見て、面白いよ」と言ってしまう気持ちはわかります。そこはグッとこらえて、子どもの手が伸びるのを待ちましょう。

最初はただ、お母さん自身が楽しくやって見せるだけでいいのです。そしてそのまま置いておきます。すると、**子どもは「自分にもできそう」と思ったときに初めて、手を伸ばしてやり始めます。**その時期は、子ども自身がいちばんよく知っています。

まだできないのに、無理にやらせようとすると、子どものやる気がしぼんでしまいます。

本に「〇カ月から」と書いてあったからやらせるのではなくて、わが子の動きを見ることが先です。

能力を伸ばしたいから道具を使って練習させ、できるようにする、という意味合いでこの道具を使わないでほしいのです。

たとえば「つまむ」「引っ張る」の道具で遊ぶ場合は、「ティッシュを引っ張る」「引き出しのものを引っ張り出す」といったような動きが子どもに見られてから初めて、「つまむ」「引っ張る」遊びをやらせる、という順番です。

「いつあの道具を使わせようかな」とお母さんが思うことは、**同時に子どもをよく観察することにつながります**。これもこの道具メソッドのもうひとつのメリットです。

先にお話ししたように、子どものいたずらが、大切な成長の過程に思えてくるので、いたずらに目くじらを立てることがなくなります。

それどころか「こんなこともできるようになったのね」という喜びに変わり、子どもの成長を微笑ましく見る余裕が持てるようにさえなります。

やる気を引き出すには「やってごらん」「面白いよ」は禁句

道具メソッドに限らず、子どもに何かやらせたいとき、つい「やってごらん」「面白いよ」と声をかけてしまうことがありますね。そうすると、子ども自身が「自分で選んだ」ことにはならず、やる気がそがれてしまうことがあります。

意外に思われるかもしれませんが、**子どものやる気を引き出すためには、「やってごらん」「面白いよ」は禁句です。**

子どもをやる気にさせるにはコツがあります。それは「面白いよ」と言わなくても、面白そうに見せること。やる気は、大人の見せ方ひとつで変わるのです。

ポイントは、すでにお話ししたように、大人自身が楽しそうにやって見せること。

具体的な例で紹介しましょう。

年少で入園してきた子どもたちのなかには、まだ自分でボタンを留められない子がたくさんいました。

ボタンを留めるのは、実はとても高度な動きです。ボタンをつまんで、もう一方の指で穴を広げ、ボタンを中に入れたら、反対側からボタンを引っ張らなければなりません。

子どもたちにボタンの留め方を教えるためには、そのひとつひとつの動きをゆっくり分析して見せます。「見てて」「穴に入れるよ」などと言いながら、楽しそうにやって見せるのです。「これって面白いよ」とは言わずに、です。

もう少し大きくなって、子どもに本を読ませたいときにも、「面白いから読んでごらん」

と言うのではなくて、お母さんが隣で熱心に本を読んでみる（本の場合は楽しそう、というのとは少し違います）。そうするとその雰囲気に巻き込まれるのか、子どもも本を読むようになるケースが多いようです。決して押しつけがましくせず、あくまでも自然に。

お母さんが「見せること」はとても大事です。

「うちの子はやんちゃなタイプではないから、なかなか楽しんでやろうとしません」
「うちの子は臆病で引っ込み思案だから、道具を置いても手を出しません」
とおっしゃるお母さんもいます。でも、黙々と何かをやるのが好きではない子ではないから、家の中で遊ぶのが好きな内向的な子だからやらないわけではありません。

どんな子でも、「自分でできる」と思ったらやりますし、やりたくなったら手を伸ばします。ただ、やり方がわからない、どうやっていいかわからなければやりません。だから、大人であるお母さんが何度もやって見せてくださいね、としつこくお伝えしているのです。

今、家庭ではなかなか「見せること」ができにくい状況です。

洗濯機が見えない場所にあったり、キッチンに子どもを入れなかったり。家事をやっているそばで子どもを遊ばせることが少なくなっていることが影響しているのかもしれません。

私はスクールでは常に、「今、子どもは見ているかな」と意識しながら、子どもに見える位置でやって見せています。子どもは見ていないようで、本当によく見ています。

その場では一緒にやらずにほかの遊びをしていても必ず見ています。その証拠に、スクールから帰宅すると、お母さんから、その場ではやらなかったのに、帰宅したら私がやっていた遊びをやっているという報告を受けることが多いのです。

子どもはちゃんとわかっているし聞いているし、必要なことは吸収しています。これは幼稚園時代にもたくさん経験してきました。**興味がないことは、ぷいっとそっぽを向いてしまいますが、これも「自分には必要ない」と瞬時に判断しているからです。**

乳幼児にとって、生活はすべて遊びにつながります。

生活のすべてを子どもは見ているので、できるだけ子どもが見ているところで洗う、絞る、拭く、切るなどの日常生活で行う動きを意識して見せてあげてください。それをマネすることが遊びになるだけでなく、生きていくスキルにつながっていくのです。そうすれば「やってごらん」と言わなくても、マネしてやりだすようになるのです。

「やってみる?」と聞いて、子ども自身に判断させよう

お母さんの「やってごらん」は実は子どもにとってプレッシャーです。

セミナーで10カ月の赤ちゃんが両手にピンポン玉を1つずつ持って、カチカチと音を鳴らしていました。

上手にできていたので、今度はピンポン玉を穴に入れる遊びをやらせてみようということになりました。まずお母さんが何度もゆっくりやっているところを見せながら「やってごらん」とピンポン玉を渡したのです。

赤ちゃんはピンポン玉を持ってしばらく考えている様子。そしておそらく、「まだ自分にはできない」と思ったのでしょう、またピンポン玉をカチカチ鳴らす遊びに戻って、ニコニコと笑っていました。

そこで私が思ったのは、こんな小さな赤ちゃんでも、穴にピンポン玉を入れる遊びはまだできないと判断し、「できる」ほうの遊び(ここではピンポン玉を鳴らすこと)をして、お母さんを喜ばそうとしたのだなあということです。まだできないことがばれるのが嫌だ

し、お母さんをがっかりさせたくないからです。

子どもは自らの経験値で、自分の力量をわかっているのです。すごいですね。

そんなときのお母さんの「やってごらん」はプレッシャーになることがあります。

では、どう言えばよかったのでしょうか。

こういうときは「やってみる？」と言うのがいいでしょう。

言葉尻の違いだけのように見えますが、子どもに選択権を与えている言い方です。**「やってみる？」と聞かれると、子どもはやるかどうかの決定権が自分にあるので、安心します。**

もしも子どもができそうもないと判断してやらなかったら、「できなかった」という思いを引きずらないように、レベルを落とした遊びをさせましょう。第1部で紹介した遊びでいえば、「Step2」や「Step3」の遊びからではなく、「Step1」から始めてほしいのは、このような理由からです。


子ども自身にやりたいおもちゃを選ばせることが大切だと書きましたが、選ばせやすくするためのコツもあります。

そのときの子どもの旬のいたずらに合ったおもちゃ（第1部で紹介した道具）をいくつ

か、取り出しやすい棚に置いておくのです。

カゴや箱に入れてしまうと子どもは見えませんし、ワンアクション増えるので、選びにくくなります。いつでも見えて、取り出せる「棚」であることがポイントです。

１００円ショップで売られているような棚で十分ですから、いつも同じところに同じものがあるようにしておくといいでしょう。お母さんのなかには、おもちゃを20近く置いてあるという人もいますが、できる範囲で大丈夫です。はいはいをするような赤ちゃんでも、興味があれば自分で選びますし、出し入れもします。

スクールに来た赤ちゃんで、お気に入りのおもちゃを少し離れた場所に置いておいたら、ずりばいで一生懸命進んでおもちゃを手につかみ、満足そうにしていたというお話も聞きました。

この、**「自分で選び取る力」がとても大事です。**

自分で選んだ、自分で決めて行動したということが、子どもの能力を伸ばします。

これこそが、人生において目的を持って進むことにつながります。

大げさではなく、すべて乳幼児期から始まっているのです。

自分がやりたいと思ってやっているからこそ夢中になりますし、満足もするのです。それが自信につながります。

この、「自分で選んで、できるようになって、夢中になって心が満たされるまでやり尽くす」という経験を小さい頃に積み重ねておくと、好奇心の強い、なんでもやってみたくなるやる気のある子に育ちます。

乳幼児期の成功体験は、一生を左右するほど大きなものです。**好奇心が強いのは、性格よりも成功体験の多さです。**道具メソッドは、乳幼児期から知らず知らずに成功体験を刷り込むことができるものであるといえるのです。

満足するまで「やりきらせる」こと

プロローグで、子どもが満足するまでやりきると、心が安定すると書きました。

たとえば道具メソッドで紹介したような、細い穴から布を引っ張り出す、シールをつまんではがすなど、その時期に旬の遊びをたくさん繰り返すことが大切です。子どもはうまくなるまで何度も何度もやりたいから、反復するのです。

満足してやりきったときの子どもの顔がまた、たまらなくかわいいんですよ。やり遂げたと言わんばかりに、**「はーっ」とため息をついて、至福のときを味わっているような表情をします**。

今スクールに来ている2歳半のI君は、鉛筆や傘など、なぜかとがった長いものが大好きな男の子。一度持ったらなかなか手放さないと、お母さんも困っていました。

I君が初めてスクールに来た日の会場で、お気に入りの傘を見つけて放さなかったのです。でもそれは、ほかの人の傘。返さなければと思ったお母さんは、I君から傘を取り上げ、持ち主に返しにいきました。床につっぷして泣くI君。

私はお母さんに「先に行きましょう」と促し、角を曲がって見えなくなるところまで移動し、エレベーターのところで待っていました。追いかけてきたI君は、お母さんを引っ張って、無理やり引き戻そうとしましたが、「子どものほうから戻って来るまで、ママは絶対に行かないで、ここで待っていてね」とお母さんに伝えました。

エレベーターの前で待つこと数分。やっとI君が自分からやって来ました。

「お母さん、よく来たね、と受け止めてあげてください」とアドバイスし、お母さんはI君を叱らずに受け止めていました。お母さんをエレベーターの前で待たせ、決して子どものほうに行かないようにアドバイスしたのは、お母さんに主導権を握ってもらうためです。

それから I 君はスクールに通うようになったのですが、その後、お母さんから、傘のことがあった翌日から I 君がまったくわがままを言わなくなり、とてもラクになった、と報告を受けました。

スクールでの遊びを通じて、I 君は満足するまでやりきることができ、心が安定してきたのです。

2歳ごろ、とくに男の子のお母さんは子どもに振り回され、ヘトヘトになっていることが多いようです。私もよく相談を受けますが、子どもの要求に振り回され、話しながら涙ぐむお母さんもたくさん見てきました。

積極的な半面落ち着かず、お母さんを振り回す子は珍しくありません。

でも、心配いりません。道具メソッドで満足するまでやりきると、本当に落ち着いてきます。

逆に子どもを焦らせるお母さんだと、子どもも焦ります。子どもを待つことができず、子どもが「やりきった」と満足する前に終わらせてしまうと、子どもの心にどこか不満が残ります。

ですから、本書で紹介した遊びでお気に入りのものができたら、どうか満足するまでやらせてあげてください。

夢中になっているときは声をかけないで

子どもが夢中になってやっているときは、お母さんはどうか声をかけないであげてください。

すでに紹介したように、子どもには次のような段階（ステップ）が必要だからです。

❶やりたいこと（道具）を自分で選ぶ。
❷何度も繰り返して取り組み、できるようになるまでやる（このときが集中しているときなので、声をかけない）。
❸自分でできた、やりきったと達成感を味わったら、終わりは自分で決める。
❹次の段階の道具を自分で選ぶ。

これを繰り返すと、知らず知らずに集中力が身につき、自分に自信が持てる子になります。

たしかにそばで見ていて、子どもができるようになると、「できたね！」などとほめたり、「もう一回やってごらん」などと声をかけたくなるものです。

でもとくに小さいお子さんは、集中しているときに話しかけても耳から入ってこないので、静かに見守ってあげましょう。もちろん、お母さんと一緒にやりとりを楽しむときは、「キュッキュッと引っ張るよ」「できたね」などと語りかけながら遊んでもいいと思います。


私自身も今、子どもを3人育ててみて思うのは、やりたいことをやりたいだけやらせてあげること、これを徹底すると本当に生きる力が強くなります。

私のスクールには、お受験を目的とされる方はほとんどいらっしゃいません。むしろ、起業家など、自分で道を切り開いてきた方、またそのようなお子さんにしたいと思っている方がいらっしゃることが多いです。

成功されている起業家さんに「どういうふうに育ててもらいましたか」と聞くと、みなさん「やりたいことを思いっきりやらせてもらった」「好きなことをやらせてもらった」とおっしゃいます。

やりたいことをやり尽くした人ほど、たくましく、いろいろなアイデアを持ち、豊かな発想力を持っていると感じます。と同時に、困難を乗り越えていく力、挑戦しようとする勇気、未知のものに踏み込んでいく力がつくのです。

遊びを上手に切り上げさせるコツ

なかには夢中になって、食事も忘れてやり続けようとする子もいます。いくら満足させるまでといっても食事は食べさせなければいけません。うまく気持ちを切り替えさせるにはどうすればいいのでしょうか。

このようなときは、やはりお母さんが主導権を握ります。

やりたいことをとことんやらせることと、子どもを野放しにすることとは違います。やはり枠組みは決めて、遊びと生活は分けるべきでしょう。

たとえば夕飯の時間だから片づけさせたいとなったとき、「ごはんだから片づけちゃうわよ」と言いながら、結局お母さんが片づけてしまったり、片づけてもいないのにごはんを出してあげてしまっていませんか。でもそれは、今食べさせておかないと時間がない、早く食べさせたい、ここで泣かれたら面倒くさい、といった大人の都合ですよね。「17時になったら片づける」などあらかじめ約束しておき、枠組みを決めたら絶対に徹底しなければなりません。もちろん、子どもには時間の感覚はまだありませんから、30分前になったら「長い針がここまで来たらごはんにするよ」と声をかけ、10分前、5分前と声をかけます。時計を見ながら、少しずつ遊びを終息させるように持っていくのです。

子どもがどんなに泣いても「約束したよね」と淡々と言えば、子どもはやがてあきらめます。この**子どもに「あきらめさせる」こともとても大事で、子どもはこういった経験から、自制心や自分をコントロールすることを学びます**。

室内で遊んでいるときだけではありません。たとえば外で遊んでいるときでも同じです。「17時になったら帰るよ」と約束したら、「あと20分だよ」「あと10分だよ」と声をかけ、17時になったら「帰りたくない」と言っても、「帰るよ」と言って淡々と帰ります。決して感情的にはならないでください。このとき子どもが泣いても、「泣き終わったらおいで」というくらいでいいのです。

子どもが泣くのは、泣いたら許してもらえる、泣けば戻って来てくれる、と思っているからです。お母さんと子どものそれまでの関係にもよりますが、そのように学習してしまっているのですね。

「泣いても絶対無理なんだ」と子どもがわかるのは、毎日の積み重ねですが、お母さん自身が腹を決めてかかわれば、絶対に子どもは変わります。あくまでも主導権を握るのはお母さんです。

でも、あくまでもこわい顔でおどさないこと。恐怖で行動するようになってしまうと、本当にやらなければならないことへの意識がうすれ、指示を待つ子どもになってしまいます。


子どもの気持ちをコントロールするのはとても大変です。3歳のJちゃんのお母さんもその一人でした。

Jちゃんはテレビが大好きで、ほうっておくといつまでも見ています。テレビを消す、消さないでいつも怒ってばかりいると悩んでいたので、まず、「テレビを見たいんだよね」と共感したうえで、なぜテレビを見てほしくないのかお母さんの気持ちをJちゃんに伝えてくださいね、とアドバイスしました。

お母さんはJちゃんに「テレビを見ていると目が悪くなっちゃうし、自分で考えられない子になっちゃうから心配なの」「だからテレビを消してほしいの」と伝えました。

それでもJちゃんはなかなかテレビを消すことができません。そこで、夕飯の時間をあらかじめ伝え、「この時間まで」「この番組が終わるまで」と時間を決めて見させることを提案しました。

なかなかうまくいきませんでしたが、ある日、一度だけ約束通りテレビを消せた日がありました。そのとき**お母さんは「自分で消せたね！」とすかさずほめました**。Jちゃんは笑顔を見せたそうです。

それから次の日も、自分で消せました。「またできたね！」と言うと「自分でできたよ」と言ったそうです。こうして1カ月という長い時間はかかりましたが、Jちゃんは自分でテレビを消せるようになりました。

お母さんがテレビを消してしまえばいいのに……と思った方もいるかもしれません。実際、言うことを聞かないと強制的にテレビを消してしまうお母さんもいるでしょう。でもそれでは意味がないのです。その日はよくても、また次の日にきっとテレビを見てしまうでしょう。しかも、子どもにはお母さんに怒られた記憶しか残りません。「自分で消した」という事実が大切なのです。

小学生以上のお子さんを持つお母さんからはよく、「動画を見続けて困っています」という悩みも聞きます。テレビも動画も麻薬ですから、次から次へと見たくなるように戦略的にできています。

小学生なら話せばわかる年齢ですから、ぜひ「これは麻薬のようなもので、とても危険なんだよ」と教えてください。「このままだと我慢ができない大人になってしまって、困ることになるよ」と。ただし、**言うタイミングは、動画を夢中で見ているときではダメです。「また言ってる」と思うだけで、聞く耳を持たなくなります。**

動画を見てない、普段の落ち着いた状態のときに言うのがポイントです。なんでもないときに、大げさなくらいの言い方で伝えて、刷り込むくらいでちょうどいいのです。お風呂に一緒に入ったときなどはいいタイミングかもしれません。

「これを聞いてどう思う？　そのままでいい？　何ができると思う？」と問いかけてみてください。**感情的にならず、子ども自身に考えさせることが大切です。**

まず「ここまで」という枠組みを伝えておいて、子どもに葛藤させる時間が必要です。「我慢しなくちゃいけない」「でもテレビを見たい」という葛藤のなかで、子どもなりに自分の気持ちをコントロールします。それも何日もかけて。

楽しく遊んでいるのに、強制的に片づけてしまうこともありますよね。その理由は「忙しいから」「ごはんにしたいから」だったりします。すべて大人の都合です。

子どもはちゃんと時間をかけて、段階を追って克服していきます。それを大人のほうが待てなくて、途中の段階で「ダメよ」「おしまいよ」とシャットアウトしていることが多いのです。「もうちょっとだったのに」「もうちょっとで止めようと思っていたのに」と子どもは思っていたかもしれません。

お母さんには本当に根気と忍耐が必要ですが、どれだけ子ども自身に行動させ、自分でできた経験をさせるかが大切です。

今は親御さんも忙しいですし、なかなか余裕がないとできないことですが、子どもに葛藤させる時間をできるだけ与えてあげてください。そうしないと、自分で考えない子どもになってしまいます。それで将来困るのは、子ども自身なのです。

たとえ間違えても、訂正しないで見守ってください

道具メソッドで子どもが遊ぶなかで、なかなか最初はうまくいかないことがあります。

たとえば穴にボールを入れるのを失敗してしまったり、色や形を当てはめる遊びで、違ったものを当てはめようとしたり。

そんなときには、決して間違いを訂正せず、黙って見ていてほしいのです。「違うよ、こっちだよ」と教えてあげたくなる気持ちはわかります。でも、子どもが自分で気づくことが大切なのです。**間違いを教えるのではなく、気づくまで待つのです。**

もし子ども自身が間違いに気がつかなかったとしても、それは、まだ気づくレベルまで達していないということなので、そのままで大丈夫です。

大人が「こうだよ」「こっちでしょ！」などと言ったとしても、子どもには言われていることがわかりません。ただ、お母さんが怒っている、注意している、否定しているようにしか見えないのです。

間違っていても、その時点で子どもが満足し、納得していれば大丈夫。いずれわかるときがくるのですから。

すべてできてしまったら、もうその遊びは子どもにとってつまらないものになります。そして次の遊びへとレベルアップしていきます。まだうまくできないとき、間違ってしまうときこそ、その子にとってその遊びがおもしろい時期なのです。だからできるようになるまで、何度でも繰り返します。つまり、子どもはその過程を楽しんでいる、それがその子にとっての〝旬〟の遊びなのです。

この本で紹介する道具を使った遊びは、**正しくやることが目的ではありません。「ここまでできた」という段階を、お母さん自身も楽しんでください。**

子どもが自分自身で気づき、何度も繰り返して克服できるようになると、**問題解決ができる子になりますし、自信もつきます。**

もちろん、ほかのお子さんと出来不出来を比べることは意味がありません。その子自身の成長を見守ってあげてくださいね。

おもちゃの片づけができるようになる方法

「夢中になって遊んでくれるけれど、片づけるときはどうすればいいですか？」

「結局、片づけるのはいつも私です」

このような声をよく聞きます。

その道具を満足するまで遊びきったら、子ども自身が自分で棚に片づけるのが理想ですが、これをできるようになるのは、1歳半以降でしょう。

1歳半というと、「そんな小さい子が片づけられるのですか」と驚かれることがありますが、スクールではほとんどの子が片づけることができています。

ただそれまでは、お母さんが「片づけるね」と声をかけて片づけてあげていいでしょう。本当に夢中になっているときは、1つの道具での遊びが終わると、すぐに次の道具で遊び始めてしまいます。それでも、必ず「遊んだら片づける」という姿勢を徹底してください。子どもは見ていないようでも見ています。

1歳半を過ぎたら、「お母さんと一緒に片づけようね」と言って、一緒に片づけるようにしましょう。そうはいっても、夢中になっている子どもに次の遊びに移る前に片づけさせるのはなかなか難しいものです。コツは、声をかけるタイミング。

次の遊びに行く前に、今の遊びが終わったなと思う瞬間に「終わったの、じゃあ一緒に片づけよう」と声をかけます。たとえば、ふっと目をそらした瞬間とか、ため息をついたときとか、ほんの一瞬のタイミングです。

タイミングを見計らうには、見ているのを気づかせないように、しっかり子どもを観察していなければなりません。正直なところ、とても面倒ですが、最初にこれをやっておくとあとがラクになります。最初のうちは、何回かのうちに1回でも一緒に片づけができれば上等です。

スクールに来ている1歳半のL君は、棚から遊びたい道具を次から次へと出してしまい、まったく片づけようとしませんでした。お母さんが片づけるのが当たり前になってしまっていて、「片づけようね」と言っても、泣いていやがります。

でも、お母さんはあきらめず、片づけられるようにするという覚悟を決めていました。怒ったら逆効果だということを知っていたからです。決して感情的にならず、怒りもせず、声を荒らげることもせず、L君が泣いても淡々と「片づけようね」と声をかけました。一緒に片づけ終わるのに、1時間かかったそうです。

根気が要るのでお母さんにも覚悟が必要ですが、L君は、次の日から自分で片づけるようになったそうです。

すべてのことに言えるのですが、お母さんがぶれずに一貫した態度を貫くと、子どももも「これ以上泣いてもお母さんは変わらない」と悟るのです。ここでもしお母さんが感情にまかせて怒ってしまったら、子どもは「怒られないようにしよう」ということだけを覚えます。

つい怒ったり注意したくなってしまう気持ちはわかりますが、いくら怒って子どもがその通りにしたとしても、その場しのぎにすぎません。怒った母親がスッキリするだけで、子どもにはまったく伝わっていないのです。

そのときできなくても構いません。お母さんに心がけてほしいのは、「次からは必ずやってもらえるように」伝えることです。子どもを動かしたかったら、遠回りのようでも根気よく働きかけることが、結果としてお母さんをラクにするのです。

先にもいいましたが、道具は取り出しやすいようにトレーやお盆に乗せて、棚に入れておくことをおすすめします。

よくおもちゃ類を、いっしょくたに大きなカゴや箱にざーっと入れているご家庭があります。そうすると子どもはそのなかからゴソゴソ探さなければならず大変です。棚に見えるように並べておくと、さっと取り出しやすく、片づけもしやすくなります。

棚のどの場所にどの道具をおけばいいのかわかるように、写真に撮って置く場所に貼ってもよいでしょう。

要は、片づけるのがおっくうになるようなしまい方をしないこと。子どもが片づけたくなるようなしかけをつくることです。

「できない」「無理」という気持ちを受け止める

「もっとやりたい！」「できた！」という経験をして成功体験を積み重ねていく子どもがいる一方で、すぐに「できない」と言う子もいます。

刺激を与えられない状況で育ってしまうと、「できない」「無理」と言う子どもになってしまうことが多いようです。つまり、成功体験が少ないので、自信をつける機会を与えられないまま大きくなってしまったのです。「私にはできないのではないか」と思ってしまうので、やろうとしないのですね。

幼稚園に勤務していたころ、年長のクラスにMちゃんがいました。

A4の大きさの画用紙にちょこちょこと絵を描いていましたが、黒いクレヨンだけを使って、隠すように描いています。自信がなさそうな様子ではあるのですが、絵を描くことが好きなのは伝わってきます。横から見ていた先生が、「描けたね」とひとこと声をかけました。Mちゃんは驚いた様子で「え？」と先生の顔を見ました。

おそらく、絵を肯定的に見られたことがなかったのでしょう。否定されなかったことにびっくりしたようでした。2度目に絵を描いているのを見たとき、やはり黒いクレヨンだけを使って描いていましたが、前回よりもひとつひとつの絵が大きくなっていました。先生はやはり「この前より大きく描けたね」と声をかけました。また驚いた顔で先生を見るMちゃん。

そんなことを繰り返すうちに、1学期が終わるころには、画用紙一面に、色とりどりの絵が描けるようになりました。少しずつ進歩をほめただけでも、こんなに変われるのです。

お母さんに話を聞くと、Mちゃんにはとても絵の上手なお姉ちゃんがいて、Mちゃんは自信をなくしていたということがわかりました。知らず知らずに「私はだめだ、絵が下手だ」と思っていたのでしょうね。

でも、子どもっていつからでも変われます。ですから、お母さんも今からでは遅いとは絶対に思わないでください。ちょっとの進歩を認めてあげて、自信をつけさせてあげてください。

子どもは認めてほしい生き物です。

これも幼稚園時代のエピソードですが、おいも掘りに行ったときのこと。みんなスーパーの袋のなかにおいもをいっぱい詰めて持ち帰ってきます。駅までその袋を持って歩くのですが、遠いし、暑いし、重いしでとても大変だったのです。

そこで私は、ちょっと試してみようと思って、一つのクラスには「頑張って、頑張って」と声をかけました。そしてもう一つのクラスには「わあ、すごい、頑張ってるね」「こんな重たいのを運べるなんてすごいね」と声をかけました。その瞬間、後者のほうのクラスの子どもたちが一斉に足早になったのです。

「頑張って」というのは、励ましているように見えて、「頑張っていない」と伝えていることになります。励まそうとしても伝わらないものなのです。一方の「頑張ってるね」は、頑張っている今の状況を認めていることになります。子どもたちは足早になりながら、ちらっ、ちらっと私の顔を見ています。「ほら、私頑張っているでしょ」みたいな顔をして。本当に子どももって健気でかわいいです。

「頑張って」と「頑張ってるね」、ほんの少しの言い方の違いなのに、子どもの受け止め方は全く違うのですね。

「できない、無理」と言う子には、つい「できる、できる、大丈夫！」と励ましたくなるものです。お母さんも忙しいし、子どもを安心させたいという心理があるのだと思いますが、実は「できる」というのも、「頑張って」と同じように、励ましてるつもりでも子どもにとっては否定になっているのです。

なぜなら「できない、無理」と言う子どもの気持ちを受け止めず、肯定していないからです。ですから「できない」と子どもが言ったら、まず「できないと思っているのね」「そうなのね」とまず受け止めてあげましょう。

小学校になって、どうしても宿題ができないと言って、やろうとしないと困っているお母さんがいました。そのときも、同じようにまずは受け止めます。「そうだよね、できないよね。時間がないものね」と。そして、共感したあとで質問をします。

「じゃあどうしたらいいと思う？　いつならできるかな？」と。どんな対策を立てたらいいのか、というほうに話を持っていきましょう。

イヤイヤッ子が素直になる「魔法の言葉」

本書のなかでも何度も「まず子どもに共感してください」とお伝えしました。

でも、具体的な共感のしかたがわからないお母さんは多いのではないでしょうか。

ここで効果抜群のとっておきの共感のしかたをお伝えします。

保育園児のN君は、保育園からの帰り道に寄り道することが大好き。雨の降ったあとなどは、水たまりでの水遊びが始まり、早く帰りたいお母さんはほとほと困り果て、いつも最後には無理やり引きずるようにして帰っていたそうです。

水たまりで遊びたいN君と早く帰りたいお母さん。このままではお互いの欲求は全然交わりません。そんなときこそ「共感」です。

「それ面白いよね。遊びたいよね。ぴちゃぴちゃ音がするから楽しいもんね」と、子どもの今の気持ちにたくさん共感します。そのときに使うのが、語尾に「ねー」をつけること。

「遊びたいよねー」「面白いよねー」「ぴちゃぴちゃ音がするねー」というように。

そして、「ねー」の後に、少しだけ間《ま》を置きます。「そうだよねー……」というように、「……」の部分をつくるのです。その間はしーんとしていますよね。そのあと、お母さんの気持ちを伝えます。「ママね、これからおうちに帰って夕飯作りたいんだよね」というように。

そのとき子どもは、「まだ遊びたい気持ち」と「帰らなくちゃいけない気持ち」で心が揺れています。葛藤しています。

この**葛藤する時間がとても大事です。自分の気持ちをコントロールし、自制していくことを学んでいます**。この葛藤の時間を、ほとんどのお母さんは与えていません。ポイントは「間」です。子ども自身がとことん葛藤して、「あきらめて帰らなきゃ」と思わなければ、動かないのです。「たくさん共感しているのですが……」というお母さんは多いのですが、うまくいかない理由は「間」がないからです。

共感はするけれど、たいてい間髪入れずに「遊びたいよね。でもね、早く帰らなくちゃいけないの」なんて言っていませんか？　これでは一生懸命やった共感も、台無しになってしまいます。

私がどうやって「ねー……」の効果に気がついたかというと、幼稚園時代の経験からです。私はなぜか、みんなとうまくやっていけない子、ちょっとはみだしてしまう子に目が行ってしまって、そういう子をほうっておけませんでした。

たとえばたった一人、園庭で突っ伏して泣いている子のそばに行くと、小石をじーっと見つめています。私はその小石を積んでみたり、「悲しいよねー」と共感してみたり。とにかくその子がどんな気持ちでいるのかを想像して、そのとおりに言葉に出して、実践してみました。そうすると、しばらくすると必ず満足して、すーっと立ち上がって歩き出すことがわかったのです。

共感するってすごい！　と実感しました。無理やり動かそうとしてもダメなんだとわかってからは、時間はかかるけど、共感したほうが子どもは動くと気がつきました。大人の都合で急がせるのではなく、子どもの気持ちをどれだけ想像するかだと。

実は、この方法は、大人にも効果があるのですよ。すでに成人してしまった私の子どもや、悩んでいる先生たちとお話をするときも、「共感」と「間」を大切にしています。

大人の場合はこの「間」は少し長めで、30秒くらい。そうすると必ず「そうですよね……」と納得して気持ちが軽くなっていくようです。

いっぱい共感して、しばらく待つ。この姿勢を忘れないでください。これが近道です。

おわりに

「いくら言っても言うことを聞かない」
「思い通りにならなくて悩む」
「きつくあたってしまって罪悪感にさいなまされる」

こんな思いをしながら子育てしているとしたら、それはあなただけの問題ではありません。今まで9000人以上のお子さんとお母さんにお会いしていますが、ほとんどの人が子育てに関して「イライラしている」と感じています。

子どものことを大事に思って愛情いっぱいに育てていても、思い通りにならないとついイラッときて怒ってしまうという状態になることが多いのではないでしょうか。「親だから子どもをちゃんとしつけなくては」、こういう思いが自分を苦しめ子どもにストレスを感じさせてしまいます。

どんな小さな赤ちゃんであっても意思を持っています。しゃべれなくても自分の想いを持っています。体を思うように動かせなくても、「こうしたい」と強く思っています。

むしろ子どもの方こそ、「自分でできるように手伝って！」と叫んでいます。この想いを受け止められるようにしてあげたいのです。

『子どもはひとりの人格者』

『大人と子どもの世界は違う』

これは子どもの心理を勉強していたときにたくさん刷り込まれた言葉でした。子どもは親とは別の個性を持ったひとりの人間です。ですから、自分の意思を持ってこうしたいという欲求も強いのです。

とくに、乳幼児期は五感を使うようにプログラミングされています。感性を磨く時期なのです。

たしかに、何にもしなくても子どもは育ちます。かわいがっていれば愛想のよい子には育ちます。とくに意識しなくても、それなりに体は大きくなっていきます。

でも、自分の感性を生かして自分主体の生き方を身に付けていかないと、将来困るのは子ども自身です。この時期に感性を研ぎ澄ます経験をせず、プリント学習や知識だけを詰め込む学習は、必ずやあとでしっぺ返しがくるでしょう。目の前のすぐ見える結果だけを追いすぎると、人に使われるだけのつまらない人生になっていってしまいます。

これからの時代は、人工知能のロボットが今ある職業の大半を担うといわれています。

だからどんなに勉強してたくさんの知識を詰め込んでも意味がないのです。
その中で生き残っていけるのは素直な愛想のよいだけの子ではなく、今までにないものをゼロから作り出す力、常識を打ち破るような革新的で、ずば抜けた発想のできる子どもです。

私はカトリックの厳格な幼稚園で代表職になり、その運営を任されました。毎年園児が減少する中で何とか盛り立てないと、という危機感の中、コーチングや心理学、NLPとお給料のほとんどをつぎ込んで勉強し、すぐに先生や子どもたちに実践してきました。モンテッソーリ教育やリトミック、デンマークでの幼稚園視察などを通して世界のより良いとされる教育法を実践し、子どもの育ちにどんなアプローチがいいのかをたくさんの子どもたちに試すことができました。もちろん、自分自身の3人の子どもたちにも。

昔ながらの教育を良しとするなかで、新しいことを試みるときには、たくさんのハードルを乗り越えなければ実践できませんでした。でも、あきらめずに、指示・命令するのではなく子どもたちに考えさせ、信じて見守る教育法をやって見せ、言ってみせ、先生を信じて見守ることで一人、また一人と気づく先生が増えてきました。

「先生の言っていたことはこういうことだったのですね！」

それを実践できた先生はどんどん変わっていきました。クラスの子どもたちも意欲にあふれ、製作の出来具合もどのクラスの子どもたちよりもイキイキとのびのびとした作品ができあがります。一方で、普段は穏やかな空気が教室に流れています。

それを見た他の先生は言います。「あなたのクラスは面倒な子どもがいなくていいわね」と。ところが、その面倒と言われていた子どもが実践できた先生のクラスで穏やかになっても、その先生のクラスになると、また問題児になってしまうのです。そうすると「あの子、また悪い癖が出てきたね！」と言われてしまいます。

子どものせいではない！　大人の関わり方で子どもはまったく違う人に仕立てあげられてしまう。これはとてもつらく悲しいものでした。

まだわかってくれていない先生を何とかしなくっちゃ！　と思っていた私は、その先生とうまくいきませんでした。

ところがある日、これは同じ現象だということに気がついたのです。どういうことかというと、私自身がその先生を見下していたのです。上から目線で「何でわからないの？」と。

私のおごりでした。

私も昔はそうだったじゃない。子どもの気持ちを踏みにじって傷つけていた自分、それを思い出しました。そのときやっと、その先生なりに頑張っていると思えたのです。それを伝えたところ「やっとわかってもらえた……」と泣かれました。

私だった。すべての原因は私だったのです。私も昔の自分を許してあげていなかったのです。

自分の子どもに怒っていた自分、若いころに園児たちを踏みにじっていた自分、その自分を、あの頃はそれはそれで精一杯だったと思ってあげることができました。そうしたら、どの先生もその場所で頑張っていると思えました。

子どもも同じなのです。今の場所で精一杯生きている。どんな子も。

そう思うと親の言うとおりにいかないのは親のおごりだと気づきます。

心でわかっていても何をしたらよいかわからなくては、何もやっていないのと同じです。

受験勉強に勝つ子どもが優秀なのでしょうか。

良い学校に行くことが幸せにつながるのでしょうか。

親の言うことを聞く子が幸せになれるのでしょうか。

子どもの意思を尊重する教育を広めていきたい。そのためにどんなことを実践していったらよいのかを、これからも遊びを通して伝えていきたいと思っています。

最後に、初めての出版にあたり企画編集をしてくださった糸井浩さん、野島純子さん、樋口由夏さん、プライム涌光編集部の皆さん、のんびり屋の私に根気よくおつき合いくださり、ありがとうございました。そして、今回お写真をご提供くださった皆様、紙面には載せられなかったのですが、たくさんの実践報告やお写真をお送りくださったクライアントの皆様に心から感謝いたします。それから、今まで私と関わってくださった各園の先生方、保護者の皆様、子ども達。そして輝きベビースクールの生徒の皆様、養成講座の生徒の皆様、メルマガ読者様、日々皆様のお陰で私も学び続けることができています。ありがとうございます。

今、私は東京・大崎のスタジオにて「輝きベビースクール」という0歳（2カ月）から5歳までのお子様が通う親子教室を運営しています。どのお子様も発達に合った活動に出会ったときに目がキラキラ輝きます。それを与えてあげられるパパやママも喜びにあふれます。

何もできないと思っていた0歳児であっても、自分の意思を持ち成長したいと思っているのが読み取れるようになると、感動すら覚えます。この感動を多くの方にお伝えしたい。その思いで子育て・講師養成講座も開催しています。

2017年はこのメソッド導入園も数園開園されます。能力が最大限に発揮され、お子様の今の輝きが周りの人を照らす光となりますように願って、これからも全力でサポートしていきます。

最後の最後に、私をいつも応援してくれている家族に。いつも本当にありがとう。

伊藤美佳

著者紹介

伊藤美佳　（株）D・G・P代表取締役。0歳からの乳幼児親子教室「輝きベビースクールアカデミー」代表理事。幼稚園教諭1級免許。日本モンテッソーリ協会教員免許。保育士国家資格。小学校英語教員免許。NPO法人ハートフルコミュニケーションハートフル認定コーチ。サンタフェNLP／発達心理学協会・ICNLPプラクティショナー。日本メンタルヘルス協会認定基礎心理カウンセラー。
保育園・幼稚園に通算26年間勤務。輝きベビースクールの運営のほか、保育園・幼稚園の教育コンサルタントとして遊び道具を研究・提供するなど多方面に活躍している。

HP：《天才子育て手帳》 http://tensaikosodate.com/

引《ひ》っぱりだす！　こぼす！　落《お》とす！
そのイタズラは子《こ》どもが伸《の》びるサインです

2017年２月10日　第１刷

著　　者　伊《い》藤《とう》美《み》佳《か》
発 行 者　小澤源太郎

責任編集　株式会社 プライム涌光
電話　編集部　03(3203)2850

発 行 所　株式会社 青春出版社
東京都新宿区若松町12番１号 〒162-0056
振替番号　00190-7-98602
電話　営業部　03(3207)1916

印　刷　共同印刷　　製　本　大口製本

万一、落丁、乱丁がありました節は、お取りかえします。
ISBN978-4-413-23030-8 C0037

Ⓒ Mika Ito 2017 Printed in Japan

本書の内容の一部あるいは全部を無断で複写(コピー)することは著作権法上認められている場合を除き、禁じられています。

「敏感すぎる自分」を好きになれる本
長沼睦雄

ミステリー小説を書くコツと裏ワザ
若桜木虔

マンガ　新人ＯＬ、つぶれかけの会社をまかされる
佐藤義典［著］　汐田まくら［マンガ］

結局、「1％に集中できる人」がすべてを変えられる
質とスピードが同時に手に入るシンプル思考の秘訣
藤田達藏

「自分の働き方」に気づく心理学
何のために、こんなに頑張っているんだろう…
加藤諦三

青春出版社の四六判シリーズ

最小の努力で最大の結果が出る
1分間小論文
石井貴士

ちょっとしたストレスを自分ではね返せる子の育て方
土井髙德

約束された運命が動きだすスピリチュアル・ミッション
あなたが使命を思い出すとき、すべての可能性の扉が開く
佳川奈未

難聴・耳鳴り・めまいは「噛みグセ」を正せばよくなる
長坂　斉

塾でも教えてくれない中学受験　国語のツボ
小川大介［著］　西村則康［監修］

いくつになっても綺麗でいられる人の究極の方法
アクティブエイジングのすすめ
カツア・ワタナベ

「いまどき部下」がやる気に燃えるリーダーの言葉がけ
飯山晄朗

人を育てるアドラー心理学
最強のチームはどう作られるのか
岩井俊憲

老後のための最新版
やってはいけないお金の習慣
知らないと5年後、10年後に後悔する39のこと
荻原博子

原因と結果の現代史
たった5分でつまみ食い
歴史ジャーナリズムの会［編］

青春出版社の四六判シリーズ

たった5分の「前準備」で子どもの学力はぐんぐん伸びる！
できる子は「机に向かう前」に何をしているか
州崎真弘

〈ふつう〉から遠くはなれて
「生きにくさ」に悩むすべての人へ　中島義道語録
中島義道

人生に必要な100の言葉
頑張りすぎなくてもいい 心地よく生きる
斎藤茂太

内向型人間が声と話し方でソンしない本
1日5分で成果が出る共鳴発声法トレーニング
齋藤匡章

「何を習慣にするか」で自分は絶対、変わる
小さな一歩から始める一流の人生
石川裕也

青春出版社の四六判シリーズ

のびのび生きるヒント
真面目に頑張っているのになぜうまくいかないのか
武田双雲

腰痛・ひざ痛・脚のしびれ…
下半身の痛みは「臀《でん》筋《きん》のコリ」が原因だった!
武笠公治

いま、働く女子がやっておくべきお金のこと
中村芳子

人生の終《しま》いじたく まさかの、延長戦!?
中村メイコ

いつも結果がついてくる人は「脳の片づけ」がうまい!
米山公啓

ドナルド・トランプ 強運をつかむ絶対法則
本当の強さの秘密
松本幸夫

結局、「決められる人」がすべてを動かせる
日常から抜け出すたった1つの技術
藤由達藏

大自然に習う古くて新しい生き方
人生の教訓
佳川奈未

どこでも生きていける 100年つづく仕事の習慣
千田琢哉

なぜ、あなたのやる気は続かないのか
誰も気がつかなかった習慣化の法則
平本あきお

お願い　ページわりの関係からここでは一部の既刊本しか掲載してありません。
折り込みの出版案内もご参考にご覧ください。